ねこのおもちゃ絵：国芳一門の猫絵図鑑

貓咪浮世繪圖鑑

歌川國芳及弟子們的明治喵星人大遊行

長井裕子

蕭秋梅——譯

原點

【目次・作品一覽】

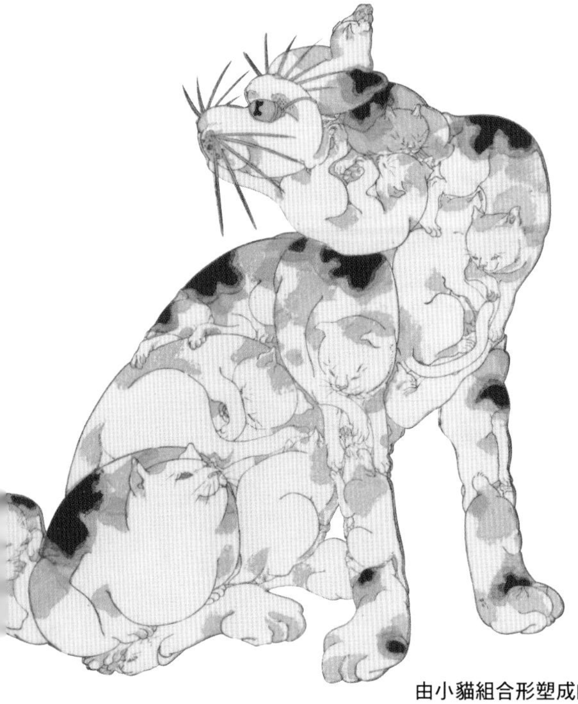

由小貓組合形塑成的大貓
歌川芳藤

※本書收錄的畫作，沒有特別記載所藏的作品，都是個人的收藏。無法判讀原文的部分，則未記載讀解的台詞。

※括號內的名詞解釋均為譯者註。

序言

本書緣起——浮世繪的畫貓風潮

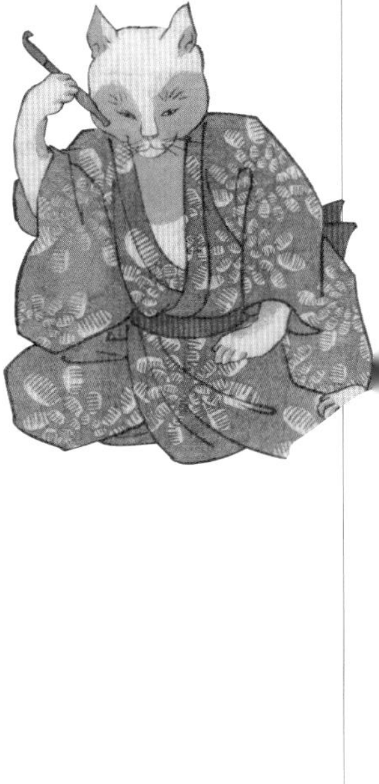

流行貓曲鞠（流行猫の曲鞠）

歌川國芳 ◉天保12年（1841）

這是一幅洋溢歡樂的戲畫（諷刺畫、滑稽畫、漫畫），畫中群貓正表演以膝蓋頂鞠球的「膝鞠」、邊耍鞠球邊以長煙管「吸煙」、俯臥讓鞠球在背部遊走的「平蛛」等各種雜技。國芳將天保12年鞠球雜技名人菊川國丸在淺草演出的表演，以貓的身姿呈現。

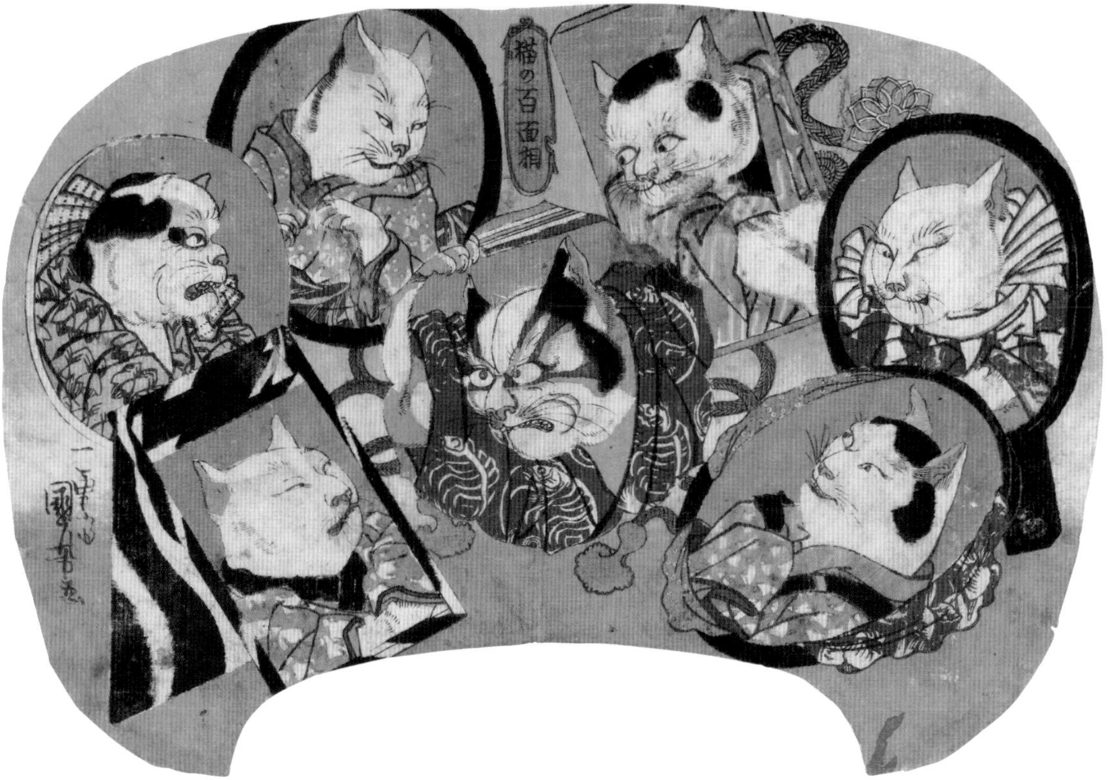

貓百面相（猫の百面相）

歌川國芳 ◉天保12年（1841）左右

這幅團扇繪在形狀各異的鏡子裡，映照出模擬歌舞伎演員臉部的貓。正中央穿魚骨花紋和服的是第五代市川海老藏，扮演的角色則是歌舞伎劇目〈伽羅先代萩〉當中的荒獅子男之助。該角色的和服花紋原本是蝦紋，國芳將之改成魚骨頭。

乘坐人力車的貓、大啖壽喜燒的貓——本書中登場的貓，都是幕府末年至明治期間發行的「玩具繪」中擬人化的貓。「玩具繪」是專為兒童創作的浮世繪，如要追溯書中擬人化群貓的源頭，就要從浮世繪的畫貓風潮說起。

愛貓成癡的知名浮世繪畫師歌川國芳（1797～1861），則是引發該風潮的推手。國芳於天保12年（1841）創作了將歌舞伎演員繪製成貓咪形體的團扇繪，大為熱賣。單單是演員維妙維肖的肖像畫，就夠令人嘆為觀止了，何況是以貓的模樣描繪。初次見到這種團扇繪的江戶人，想必也驚嘆不已。

同一時期，國芳還將菊川國丸的鞠球雜技表演，轉化成貓咪錦繪（浮世繪彩色版畫的總稱）；並與同為愛貓族的戲作者（江戶後期的通俗小說作家）山東京山聯手，為京山創作的貓咪冒險故事《朧月貓草紙》（草紙為附插圖的通俗讀物）繪製插畫。

不過，隨著打壓奢侈浪費和整肅敗壞風俗的「天保改革」政策推行，原本廣受歡迎的貓畫也暫趨低調。天保13年（1842），歌舞伎演員畫像和特種營業遊女的描繪遭到禁止，國芳之前經常繪製的貓形演員畫像，也因此不易出版。

到了弘化4年（1847），相關管制逐漸放寬，國芳的群貓戲畫也隨之增加。從這個時期開始他的弟子也積極繪製貓咪浮世繪，再次引發畫貓的風潮。在此風潮下，國芳的弟子芳藤承襲師父充滿玩心的創作精神，所繪製的傑作「五拾三次之內貓之怪」，也應運而生。

朧月貓草紙（朧月猫の草紙）

山東京山著・歌川國芳畫

◉天保13年～嘉永2年（1842～49）

這是一本關於貓咪「小駒」的冒險故事。小駒是柴魚乾批發行飼養的貓，她和心愛的「阿虎」一起私奔，不料兩貓卻在途中走散。小駒雖被公主收留，卻因吃壞肚子腹瀉失禁而遭到撤職⋯。書中仿照當時歌舞伎演員臉部繪製的貓咪插圖，也是一大亮點。

五拾三次之內貓之怪

（五拾三次之内猫之怪）

歌川芳藤 ◉弘化4年（1847）

這是由大小不一的貓，組合形塑而成的貓妖。芳藤運用師父國芳擅長的「寄絵」（多義圖像）手法，貓妖的表情雖然猙獰，但仔細看，會發現每隻貓的姿態都很逗趣，讓人不禁莞爾。

明治時期
在玩具繪領域大展身手的國芳一門

志板搞笑變裝紙娃娃（志ん板どうけかつらつけ）
歌川芳藤 ◉明治16年（1883）

畫上各種假髮頭套，為貓、日本狆犬、猿猴、老鼠、狐狸、狸貓進行換裝變身的變裝紙娃娃玩具繪。名為「目鬘」的半臉面具、帽子，都是當時紙娃娃扮裝的基本款。另外，畫作標題中的「志板」、「新板」等詞彙，都是「新刊」、「最新一期」的意思。

志板貓溫泉（志ん板猫のおんせん）

小林幾英 ◉明治16年（1883）

在玄關高掛著「溫泉」旗幟的建築物裡，眾貓或在浴池中泡澡，或由店家僱傭代勞刷背，享受放鬆片刻的悠閒時光。也有小貓在一旁玩水盆、啃咬摺成魚狀的手巾。

玩具繪種類繁多，有可以切割後組裝的，也有可作為雙六玩桌遊的，或當成圖鑑或目錄瀏覽，或像漫畫故事一樣樂在其中的情節裡。對明治時期的孩童來說，玩具繪可說是最先進的媒體。

當時在玩具繪領域活躍的畫師，首推前文介紹過的歌川芳藤。不管是在構思或繪畫技法上，芳藤都是出類拔萃的佼佼者。加上他嚴謹仔細的工作態度，因此也博得「玩具芳藤」的美稱。除了芳藤，落合芳幾和小林幾英等幾位國芳門下的弟子，也都在玩具繪領域各擅勝場，大展身手。另外，國芳的競爭對手歌川國貞的弟子國利，也繪製了許多玩具繪，足與芳藤並駕齊驅。

玩具繪中的群貓可愛又逗趣，不過，很多都是藉著貓的形貌來描繪庶民生活。明治初期積極引進西方文明、推動西化和近代化的「文明開化」思潮，帶動新文化大量湧入。面對與日本傳統文化迥異的新事物，畫中群貓時而驚奇、時而歡嘆、時而困惑。在畫師生動寫實的筆觸描繪下，明治時代的社會氛圍透過群貓如實呈現。

温泉

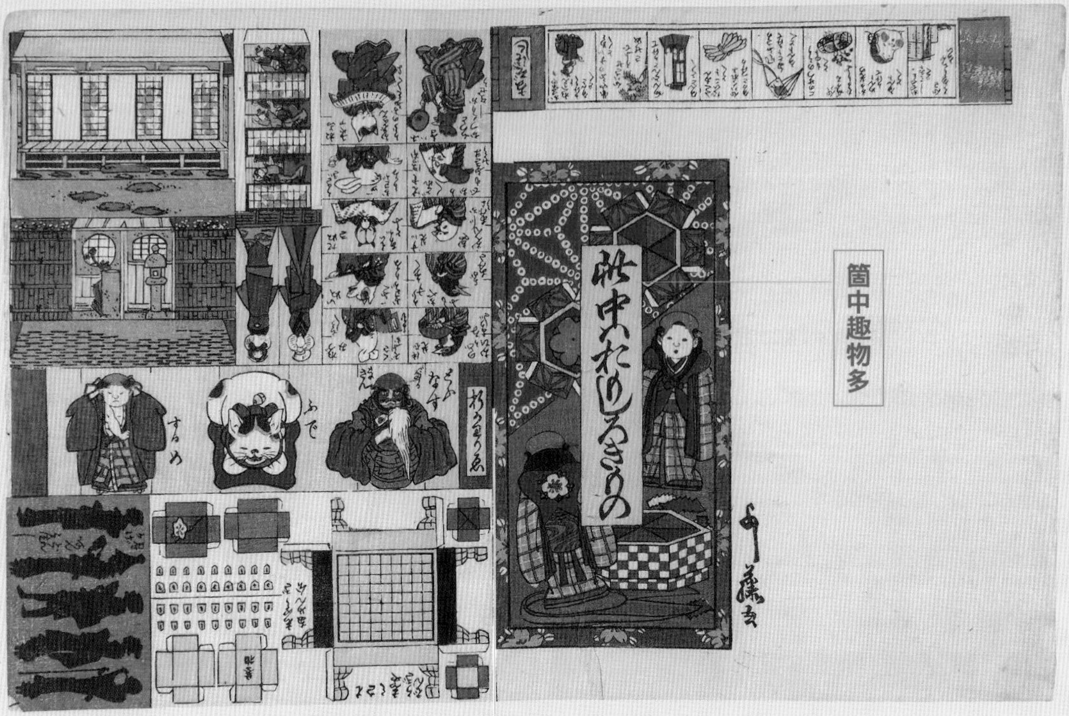

箇中趣物多

摺疊變形畫

挾將棋的棋盤（使用日本將棋棋盤和步兵棋子的遊戲）

箇中趣物多（此中ハおもしろきもの）

歌川芳藤 ◉慶應年間（1865～68）左右

這個作品正是原汁原味的「玩具繪」。不管是將棋盤和棋盒、辦家家酒的新娘紙娃娃，或是以童玩來說稍嫌帶有成人情趣梗的猜謎集，應有盡有，可以做成各式各樣的玩具，甚至附上收納玩具的袋子。如果試著把標示「摺疊變形畫」（折変わり絵）的圖片，沿直線往內摺，貓咪會頓時變「毛筆」，不倒翁變「南瓜」，俠客變成「魷魚乾」。

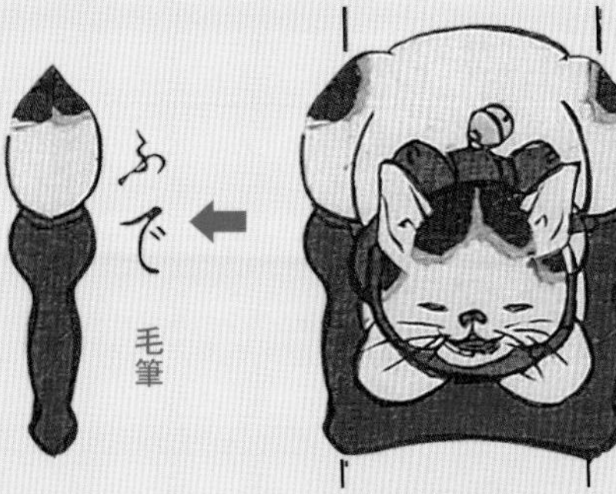

毛筆

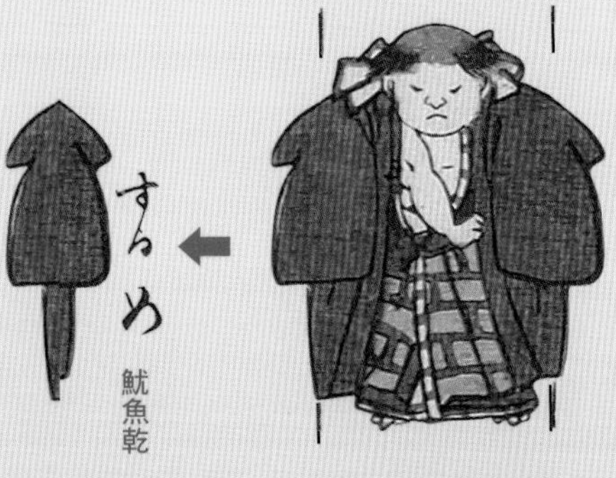

魷魚乾

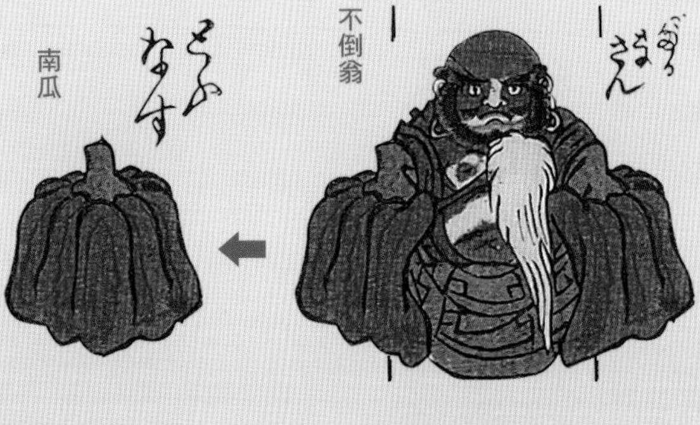

南瓜

不倒翁

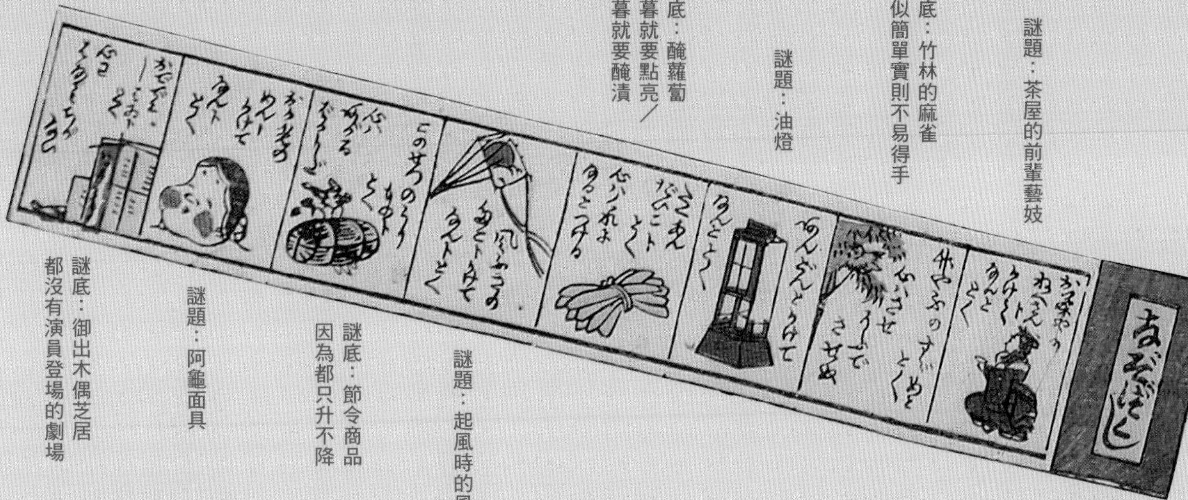

猜謎集

謎題：茶屋的前輩藝妓

謎底：竹林的麻雀
看似簡單實則不易得手

謎題：油燈

謎底：醃蘿蔔
日暮就要點亮／
歲暮就要醃漬

謎題：起風時的風箏

謎底：節令商品
因為都只升不降

謎題：阿龜面具

謎底：御出木偶芝居
都沒有演員登場的劇場

※「御出木偶芝居」是指非江戶幕府官方認可的小劇場。

老鼠
吱吱吱
讀著草双紙（江戶中後期附插圖的大眾小說）

狗大哥
吸口煙
休息片刻

狸貓
好的
謝謝

兔子
喝杯茶
休息一下

貓咪 喵嗚
收到阿姨的
來信呢

燕子
風和日麗的
好天氣

烏鴉
嘎嘎
咦
天亮了

麻雀
對了
寫信
回覆對方吧

鴿子
咕咕
嗳嗳
擦把臉好了

母雞
化個淡妝
打扮一下好了

月油燈
剪影畫

第一章

貓樓房

玩具繪裡的建築物或店鋪，
都劃分成一層一層的四方形空間，
看起來像是三層或四層樓的樓房。
然而，明治時代的建築大部分不是平房就是兩層樓的建築，
很少看到這麼高的樓房。
事實上，這種把一棟建築物切割成三、四個場景，
再加以分別繪製的方式，正是玩具繪的樣式之一。
在整體的構成上，最下層是一樓的入口，
第二層才進到建築物裡面，
愈往上就愈深入建築物內部。
如果畫有樓梯，爬樓梯就會來到上方的樓層。
接下來就請讀者，一邊在腦海中描繪當時建築物的樣貌，
一邊從最下面一格開始，逐層往上觀賞吧。

流行貓溫泉（流行ねこの温泉）

歌川國利 ◉明治14年（1881）

在貓的玩具繪中，溫泉（湯屋、錢湯）也是種類繁多、廣受歡迎的題材。江戶時期的湯屋，二樓設有鋪設榻榻米的宴會廳，同時也是喝茶、下將棋或圍棋的社交場所。不知是否其流風餘韻影響所及，許多畫作都繪有在二樓放鬆休息的場景。另外，以類似瀑布的水柱沖打身體的瀧湯（打湯），也相當流行，常出現在畫作中。

穿過第一層的暖簾後即進到第二層，第二層的右邊是結帳櫃檯，左邊是更衣處，也有為泡完湯的客人奉茶的服務生。眾女貓在木作裝潢的沐浴區清潔身體。羅衫輕解後，女貓流露出風情萬種的氛圍，著實令人感到不可思議。

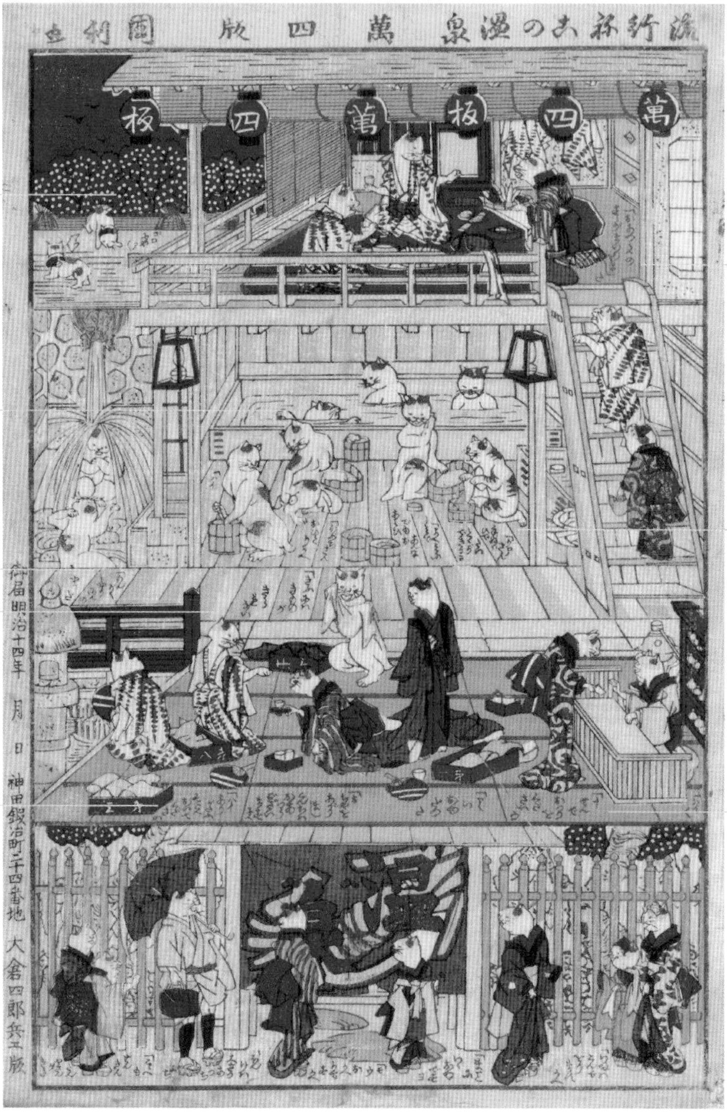

※①文覺是平安時代末期、鎌倉時代初期的僧侶，源賴朝的親信。《平家物語》有其在那智瀑布修行的場景。

※②千金丹是明治時期至第二次世界大戰期間，廣受民眾喜愛的藥物。詳情請見P.34。

板
四
萬
板
四
萬

牛鍋屋

新板貓牛肉屋（新板猫の牛肉屋）

小林幾英 ◉明治12年（1879）

穿過第一層暖簾步出店外的，是一對一臉滿足的父子。這是一家專賣牛肉鍋和壽喜燒等牛肉料理的餐廳。從右邊窗戶望進去，可以看到吊掛成排的一塊塊牛肉和廚師的身影。在第二層的用餐空間裡，男貓一邊讚嘆「牛排真好吃」，一邊張大嘴巴大快朵頤。

上了階梯來到二樓，出現在眼前的是歌舞齊歡、杯觥交錯的宴會場景。眾賓客圍著牛肉鍋，配合三味線的節拍，或打拍子、或跳舞，氣氛熱烈，相當盡興。

牛排真不錯吃哪

有美女

欸那邊有女貓耶讚讚讚

牛肉的滋味齒頰留香令人難忘實在好吃

爸爸我們走這邊嘛

不行我們得去那裡買東西

牛肉

ねこのうなぎや

鰻魚屋

貓鰻魚屋（ねこのうなぎや）

歌川國利 ◉明治16年（1883） 青木收藏品（千葉市美術館保管）

第一層的餐廳入口處，店員正在宰剖殺鰻魚、用炭火炙烤鰻魚、追著溜掉的鰻魚，忙得不可開交。誠如招牌和燈籠上面的「鱉」、「泥鰍」、「鯰魚」等字樣所示，店家除了鰻魚料理，也供應其他餐點。

第二層的左邊，老闆娘正坐在標示「美毛屋」商號的招牌燈籠下記帳，旁邊的女侍正在隔水加熱日本酒。樓梯下面躺著摔倒的冒失鬼。第三層是二樓用餐區。屏風隔開的左邊角落，客人請來助興的藝妓正在彈奏三味線。

屋頂上，小貓咪正在享用好不容易才弄到手的蒲燒鰻。另外，左上方的「国利えがく」（國利繪）字樣，則是把「國利」兩字變形後，轉化成為「貓」字。

志板貓蕎麥麵屋（志ん板猫のそばや）

四代歌川國政 ◉明治6年（1873） 太田紀念美術館藏

第一層是蕎麥麵屋的門口。附設的攤位前面，一個男孩正津津有味地吃著現炸的天婦羅。第二層是高朋滿座的店內，右邊的客人等得不耐煩，頻頻催促店員「快點」。走廊上，店員不慎把裝麵的四角形蒸籠砸在客人頭上，慌張地連聲道歉說：「失禮失禮。」結帳櫃枱後方的紅色箱子上寫著「鮑魚茶」，這應是因貓愛吃鮑魚，所以刻意用鮑魚茶。第三層是廚房，不管是擀麵的情景、麵煮好後「沖洗」的步驟，在在描繪得細膩寫實。

好忙
筷子三雙給前面的客人
天婦羅一份
只要涼麵三碗
失禮失禮
糟糕糟糕
再來一碗
多吃點
弟弟應該飽了吧
可以快點嗎
我要七碗花卷※
一份炸雲斑錦鰤（魚）
今晚忙翻了
媽媽我要吃麵

※花卷是指撒海苔的蕎麥湯麵。

もり
かけ

志板貓舞踊遊藝會（志ん板猫のたわむれ踊のをさらい）

歌川芳藤 ◉明治前期（1868～87）左右

掛著「松魚亭」招牌的料理屋，教授日本舞踊的坂東三毛治師父和弟子，正在舉行舞踊發表會。進門後，映入眼簾的是寬闊的宴會廳，弟子們正盡情享用美饌佳餚。滿室張貼的祝賀紙片上，寫著收到的賀禮。「水引一張」指祝賀布條一面。「御魚一網」是一網份量的魚，「御酒一駄」指一匹馬能夠馱載的酒量，約莫是兩樽。樓梯後面有孩童正在找玩伴。

二樓的舞台上，弟子們正在表演習舞成果。觀眾讚聲連連，頻頻高喊「跳得好！讚啊。」席間發出的「成駒屋」喝采聲，應是比喻舞者舞藝嫻熟，有如擅長舞蹈的歌舞伎演員中村一門。

御酒一駄
御酒一駄

の春

三味線

呀喔
叮鈴鈴 叮鈴鈴
萬事吉原啊啊啊 山谷啊掘～～
好棒 好棒
大家都 唱得很好 唱得好呀
好的 我會盡量吃的
大家多吃點 別客氣呀
不好意思 麻煩您了
加油 再唱一遍
叮 叮 叮
含苞待放 暖室～梅～梅
我這就過來
哇 唱得太好了
老師午安 祝賀遊藝會 圓滿成功
你真是 太多禮了 謝謝 謝謝
阿發 你在胡說些什麼呀
俺可是最會唱 這清元名曲的 「阿染」哪
唉呀唉呀 你們全家 都來啦
下一個 就是小梅了
唉呀 阿初
茶送來了 各位 請用茶

志板貓遊藝會（志ん板猫のおさらい）

歌川芳虎 ◉明治前期（1868～87）左右

學生和家長陸續來到會場，準備參加清元流派（三味線音樂流派之一，淨瑠璃的一種，主要作為歌舞伎和歌舞伎舞踊的伴奏音樂。）的遊藝會。入內後，只見孩子們正認真進行最後的練習。老師也不忘勉勵學生：「加油，再唱一遍。」

滿室張貼的紙片上，寫著收到賀禮的名稱和數量。仔細一看，除了「木天蓼一袋」、「柴魚乾十塊」，竟然還有「老鼠百匹」！二樓的發表會上，孩子們正跟著三味線的節拍引吭高歌，觀眾席中發出喝采聲，讚美「唱得太好了！」

小劇場

貓小劇場（猫の芝居小屋）

落合芳幾 ◉明治元年～37年（1868～1904）

此作描繪上演著華麗歌舞伎的小劇場，小劇場的後台是什麼光景呢？第一層是稱為「裏木戶」的休息室入口。在揹著葛藤衣箱的侍從伴隨下，扮演「女形」（歌舞伎中扮演女角的男演員）的演員進入休息室。第二層是柵門的內側，在舞台的前方可以看到等待出場的演員、彈奏三味線和擊鼓的樂師。上樓後，二樓是女形的休息室。最左邊是稱為「立女形」（歌舞伎劇團的女形演員中地位最高者）明星的房間。演員們正心無旁騖在化妝。上面的三樓是「立役」（男性角色）的休息室。休息室裡有人在化妝，也有人已經準備就緒，在圍爐旁休息。每一層樓都裝飾著祈願演出座無虛席、寫著「大入」的燈籠和人造花。

報告太夫（歌舞伎的立女形）第三幕已經開始了

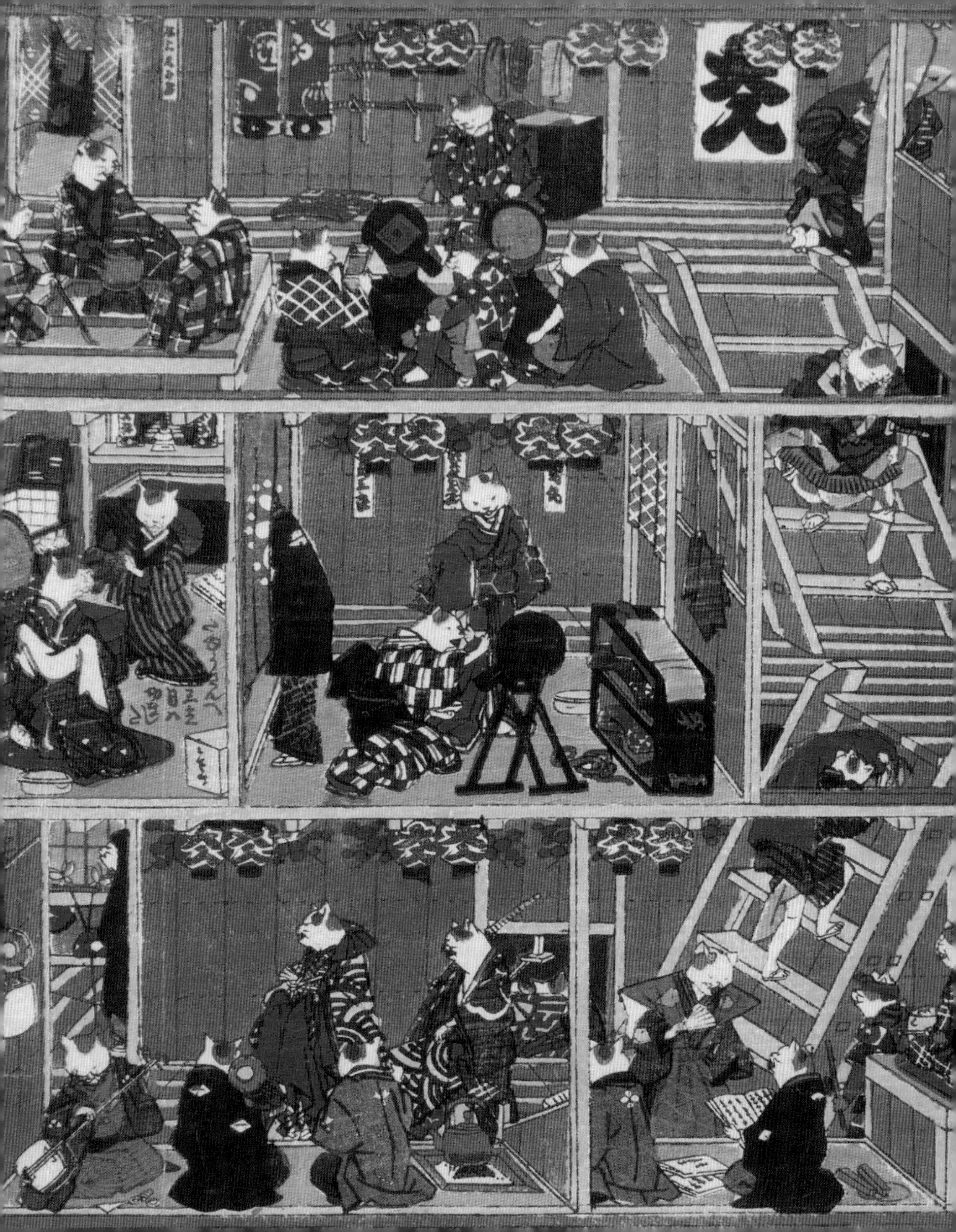

看啊，這泡泡
吹得又圓又大

好多泡泡
泡泡

泡泡 泡泡

第二章 貓街道

菜販

邁入明治時代之後，街上的情景也隨之丕變。
人力車和馬車現身街頭，
人們一身洋服和戴帽子的裝扮，手撐洋傘在街上穿梭往來。
路上，造型奇特的生意人，唱著輕快逗趣的歌曲。
這些攤商可是小朋友的偶像，
孩子們總是緊握零用錢，伸長脖子，殷切盼望他們到來。
接下來，就讓我們細細品味
三幅描繪熙來攘往街道風景的玩具繪吧。

老爺
要不要坐車啊
我這是回頭車
算你便宜點

流行貓遊戲（流行ねこのあそび）
歌川虎重 ◉明治前期（1868～87）左右

來買啊
嘿拉嘿拉
米香酥來了

太鼓聲若響
就熱鬧起來

如果吵到你
說聲對不起

搭啦嘿咧嘿
搭啦嘿咧嘿

真有趣

糕點叫賣

上

畫的右側是賣米香酥的小販。小販身穿波浪鼓的三巴紋圖案和服，邊唱著「嘿咧嘿咧」，邊舞動身體。明治十幾年時，落語家初代三遊亭萬橘以頭包紅色手巾、手持紅色扇子造型表演的「嘿啦嘿啦舞」（ヘラヘラ踊り），大受歡迎，風靡一時，小販是模仿萬橘的造型和舞步吧。「嘿啦嘿啦舞」的原創歌詞大概是「太鼓若響起，氣氛就會熱鬧起來。蘿蔔若煮透，味噌醬料就要淋個夠。滴哩嘎哩啪。」

左邊的小販則是把糕點盛裝在圓形的大木盆裡，再頭頂木盆沿街叫賣。若跟他買糕點，小販就會彈奏三味線，獻唱一曲。為了要聽他多唱幾曲，也有小孩會把盆裡的糕點全部買下。雖然糕點是主角，但附送的贈品更備受期待，這點古今皆然。

左

明治12～13年左右，木盆內裝著米香酥、沿路叫賣的「豐年舞」也蔚為流行。小販跟隨節奏舞動身體，唱著這類歌謠：「豐年到豐年到、法法法螺貝、一逐多逐太右衛門家、貌若天仙小公主、單腳跑跳玩追逐、清脆笑聲陣陣傳、豐年到豐年到。」

各種東西
都有呢

我要買糕點

錢給你
糕點我全包了

你買糕點
我就唱歌喲

豐年到
豐年到

豐年
來了喲

喀隆喀隆喀隆
好吃的關東煮

甜的辣的兩種
辣的是山椒味噌

喀隆喀隆
好吃的關東煮

來一份關東煮

路邊攤・人力車

上

右邊是賣關東煮的路邊攤。關東煮早在江戶末期就已問世，並和蕎麥麵、天婦羅等，並列庶民最喜愛的速食之一。甜的是一般燉關東煮，辣的是塗了山椒味噌的豆腐或蒟蒻。

左邊是邊喊著「借過！借過！」邊穿過熙來攘往的貓群，一路往前邁進的人力車。據說人力車在明治3年（1870）出現之後，翌年東京就有超過一萬輛以上的人力車，在街頭穿梭往來。原以為此前從事抬轎工作的轎夫會因而失業無以維生，沒想到大多數轎夫都轉行變成人力車車夫了。

左

畫中有個男貓喃喃說著：「那貓好眼熟啊。」或許他看過這車夫以前當轎夫時的身影，所以才有似曾相識的感覺。左邊的人力車還有個在後面幫忙推車的小伙計。人力車有單人座和雙人座兩種，如果重量較重或急著趕路，會由兩個以上的車夫合作，他們或一起拉車、或一人在後面幫忙推車，輪替的人也一起在路上奔走。

我買了
蒟蒻關東煮

我要吃
給我 給我

借過借過

車夫大哥
麻煩快一點

咦
那隻貓
好眼熟啊

路上狀況多
又危險
麻煩靜靜地
專心拉車

今天是
風和日麗的
好天氣

觀音寺
一定很熱鬧

嘿
借過
借過

說到這藥的功效
正宗對州嚴原
首推整腸健胃
信山家傳的千金丹
耶~千金丹叫賣郎來了

叫賣千金丹

上 

此畫右邊是兩個撐洋傘並提著方形手提袋的男人。這兩人是販售藥品「千金丹」的商人。當時很流行兩人一組一起行動，出沒在鬧區，一邊唱歌一邊賣藥。媽媽揹在背上的孩子誤以為他們在賣糕點，一直吵著媽媽：「買給我嘛。」

千金丹原本是從朝鮮傳來的藥品，最初傳到對州（長崎縣對馬市），明治時期也進軍大阪安土町（今大阪市中央區）設廠，卻在第二次世界大戰期間燒毀。據悉，明治14年（1881）左右，對州的住永家族和大阪的信山家族之間，曾爆發千金丹的正統之爭，但右邊這組商人的叫賣台詞卻是「對州」和「信山家傳」兩者夾雜（在P.14的玩具繪則是寫著「正宗大阪安土町」）。左邊那組是小孩在玩模仿叫賣千金丹的遊戲。

媽媽買給我嘛
那是藥藥
不行喔
創始元祖是本町三丁目
住永家傳的玉梅
這藥的功效啊
專治胸痛腹痛和酒醉
頭痛頭暈胸腹絞痛

創始元祖對州嚴原
住永家傳千金丹

左

這兩位頭戴帽子、身穿短披肩的裝扮，或許可說是冬季版的玩具繪？

請上車
請上車

新橋淺草
共乘 共乘

喂～
小孩讓開 危險
駕！喝！

馬車

左

這輛小型馬車上坐著一位手持洋傘、頭戴紳士帽，裝扮摩登的紳士。馬夫也是一身洋服。當時也有高階官員等仕紳名流，以擁有私人馬車做為身分地位的表徵。沒看過馬車的小女孩，對馬充滿畏懼之情。

上

這輛載滿乘客的馬車是明治5年（1872）開業的公共馬車，行駛於東京的新橋和淺草之間。小朋友對飛快奔馳的馬匹感到好奇，興致勃勃地逐步靠近。馬夫則大聲喝斥：「讓開！危險！」

嘶嘶嘶
危險
快跑

嘶嘶嘶嘶
駕!駕!
喝!喝!喝!
駕!駕!
喝!
馬馬
好可怕喔
阿金
馬馬來了

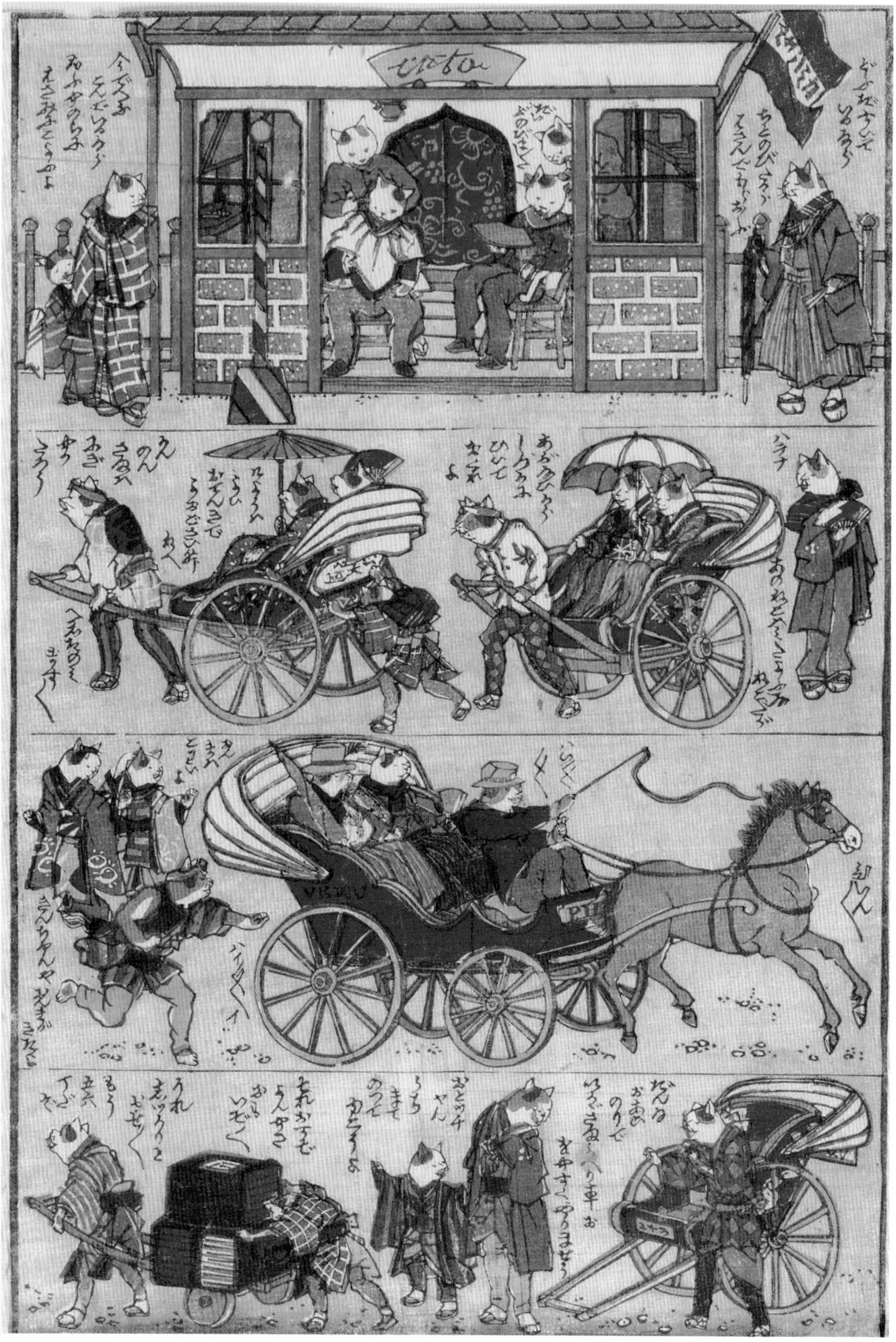

志板貓遊戲　西式理髮廳（志ん板ねこのたわむれ　西洋床）
歌川芳藤 ◉明治前期（1868〜87）左右

志板貓遊戲（志ん板ねこのたハむれ）
小林幾英 ◉明治14年（1881）

公務員

官員

路上行人向一位頭戴華麗帽子、身穿禮服的官員（公務員）致意。因為是新年，這位官員才一身盛裝打扮吧。他正朝著高掛太陽旗的大門走去。

郵差

這位手握信件，穿著衣領、長褲鑲紅邊的時髦洋服，匆忙在路上奔走的人是郵差。郵差的衣袖綴有紅色的郵政標誌〒。現在使用的郵政標誌〒，是在明治20年（1887）才登場，在此之前，郵差制服的袖口、頭上戴的笠帽，都標示著這個〒符號。

警察

這位手持佩刀的警察，正環視四周在巡邏。仿若軍服的立領式制服，流露出幾分威嚇感。

職人

把工具箱扛在肩上的男貓，身上穿的半纏（工作和服上衣）下襬，染印著「大工」（木工）字樣。而在「貓屋」的屋頂上鋪設瓦片的木工，不愧是喵星人，即使在高高的屋頂上，也神色自若。他頭纏布巾，動作熟練，專注地投入工作中。

木工

一對搭檔正在塗布牆面。施作一輪後，師傅要拿取下一輪的壁土，於是伸出托泥板說：「喏！」小學徒沒抓緊時間，慢了一步才遞上壁土。師傅遂提醒他：「我說小子啊！動作快點。」小學徒也相當賣力認真工作。

泥水匠

新年

舞獅

裝飾了注連繩（把祭神場所和其他場所區隔的稻草繩，新年時懸掛在家戶門前或神壇）、門松，洋溢著新年的氣氛。舞獅隊挨家挨戶踩街賀歲，伴著笛子和太鼓的樂聲，舞動祥獅獻瑞。畫中扮獅子的貓正脫下舞獅裝，稍事休息。

除了舞獅，還有拿羽子板玩板羽球的小女孩，以及外出賀年、互道恭喜的人們。穿著袴（上下身禮服）的老爺，應是地方上數一數二的富豪吧。他帶著兩個隨從，一個是肩上扛著挾箱（江戶時代攜帶用的物品箱）的工頭，一個是脖子上掛著文庫箱的小學徒。 箱和文庫箱裡，應是裝著拜年時要發送的壓歲錢等禮品。

恭賀新年

拜年

玩板羽球

拜年者

商人

賣報小販

這位賣報小販，揹著寫有「繪入新聞」字樣的箱子。「繪入新聞」是明治8年（1875）高畠藍泉和落合芳幾創刊的報紙，原本叫做《平假名繪入新聞》，後來更名為《東京繪入新聞》。這份報紙以標註假名的文章和附插圖的版面為賣點，廣受江戶時代以來習慣閱讀草雙紙的町人（江戶時代住在城市的工商階級）和婦孺喜愛。

叫賣辣椒

左肩斜背著標示辣椒標誌的箱子，四處叫賣兜售的商人，他一手拿著寫有「捕鼠」字樣的旗幟，由此可判斷，他必定也賣有捕鼠效果的辣椒。小販嘴巴大開，像是邊唱歌，邊沿途叫賣。

運送

這兩位正在運送滿車的貨物，後面推車的男貓，看似相當辛苦，氣喘吁吁地說著：「嘿，推囉！呦咻！好重、好重。」前面拉車的男貓，嘴裡雖說著打氣的話：「嘿！用力推、推。再五、六丁就到了。」表情卻是一派輕鬆的樣子。他們距離目的地大約還有六百公尺。

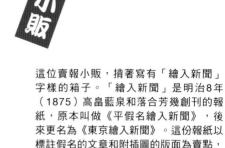

不知道人多不多
如果不多
我頭髮也長了
就進去剪個頭

頭髮長的蠻長了

理髮店

一家掛著「剪髮」旗幟的理髮店。理髮店入口擺了稱為「有平棒」的紅藍白三色柱。明治4年（1871）斷髮令頒布後，稱為「散切頭」（剪掉丁髷的短髮造型，明治初期流行的髮型，被視為文明開化的象徵）的新式髮型，轉眼間就廣為普及。數年後，幾乎所有男性都剪掉丁髷。理髮店也因而生意興隆，還有人因為人太多而決定先回家，等人少一點再過來剪。

日本從明治初年即從國外進口理容用的剪刀，但在斷髮令實施後，單靠進口已不足以應付需求。於是，從明治10年（1887）開始，也投入國內生產。

現在人很多
弟弟你晚點
再來剪吧

變裝紙娃娃玩具繪

不管是過去或現在，變裝紙娃娃遊戲都是女生的最愛。在幕府末年和明治時期，也有許多可以切割娃娃或衣裳，享受變裝娃娃遊戲樂趣的玩具繪。這類玩具繪的紙娃娃性別並不限於女性，也有當紅歌舞伎演員的紙娃娃版本。遊玩時，可以先用剪刀剪下假髮頭套和衣裳，然後疊加在演員的畫像上，就像歌舞伎的七變化般，不斷變換形體或角色。這類玩具繪不僅小孩喜歡，也深受歌舞伎迷和演員的贊助者喜愛。

　這裡介紹的是貓咪版紙娃娃。這個作品共有五隻貓，角色設定是爸爸、媽媽、姐姐、男孩和女孩。首先把裸體的貓剪下，在兩面塗上糨糊後，黏貼做成紙娃娃。貓媽媽和貓姐姐的裸身站姿，委實嫵媚動人。只要幫她們穿上和服，就可變身為舞妓，或變成穿著圍裙的模樣。

　雖然多數的衣裳是和服，其中也有洋式軍服，這個特色令人強烈感受到明治時代的氛圍。

大新板貓衣裳附帶
（大新板猫のいしょう付）
作者不詳
◉明治前期（1868～87）左右

第三章 貓學校

江戶時代的小孩子
在名為「寺子屋」的私塾裡，學習讀、寫、珠算。
學生在老師教導磨墨方法、持筆方式和字的筆順後，
就回到自己的座位上自行練習。
有時也由學長幫忙指導。
不過，邁入明治時期小學設立後，
學校的授課內容也隨之大幅改變。
引進「あいうえお」（AIUEO），
取代在此之前的「いろは」（IRO HA），
學童也不再跪座，改而坐椅子學習。
學校配掛時髦的窗簾、鋪設地毯。
穿著洋服的老師，有的手插腰，
有的倚靠著桌子，流露出為人師表的威嚴。
授業科目中並有「體操科」（體育課），
畫中也可看到學童開心地盪鞦韆，
配合節奏運動的身影。

習字

志板貓習字老師（志ん板猫の手ならい師匠）

四代歌川國政 ◉幕末～明治初期（1865～1872）左右

這是一間習字教室。踏進掛著「幼童筆學所 梅堂」招牌的入口後，左手邊是一位貌似老師的男人。新入門學生的媽媽正在與他寒暄、致意。

上面的房間是一群女孩在練習寫「いろはにほへと」（I RO HA NI HO HE TO）。右邊的小朋友自己孤伶伶地坐在桌子上，手裡還拿著飯碗和線香。她因喧嘩吵鬧而被處罰的吧。她說：「我以後會注意。」可知她已經深自反省了。

最上面的房間正在舉行「席書會」（書道展覽會）。小朋友手拿毛筆，表情認真專注地在大開的紙張上寫字，旁邊的人誇獎地說道：「寫得真好。」

寫得真好
接下來換我寫
寫得真好
對不起我以後會注意
我明天要去劇場看戲請假不來喔多練習幾次
今天要重新謄寫還請老師多多關照指導
咦小虎你已經到啦

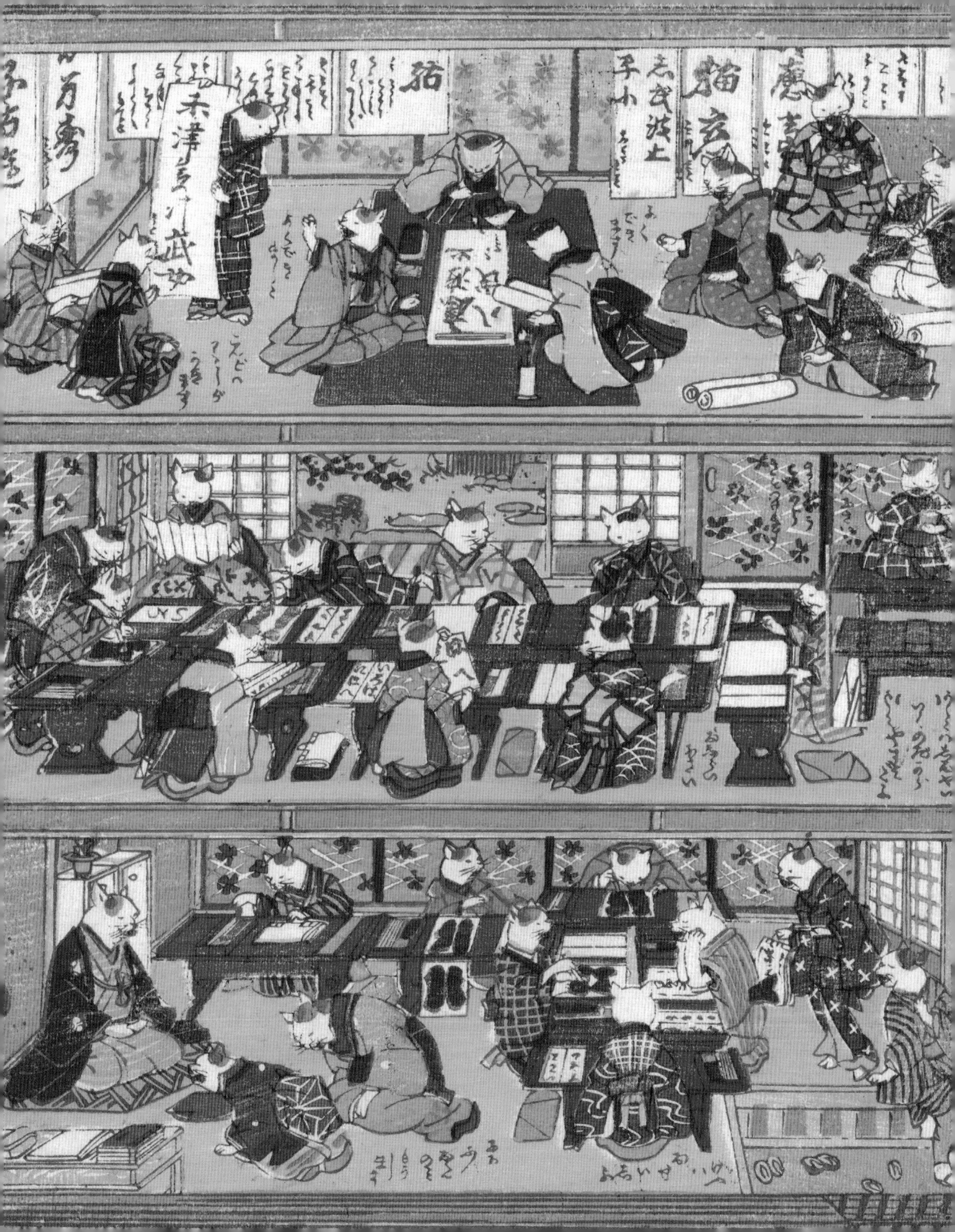

上課

新板貓學習學校（新板猫の勉強学校）

小林幾英 ◉明治20～30年（1887～97）左右

教室裡正在上課。學生一邊看著掛圖，一邊學習「アイウエオ」（AIUEO）等片假名，或練習拼寫。

教室外面正在上體育課，小朋友跟著老師的口令，逐一練習。他們手上拿的是明治時期普及使用的體操用具。這種木棒稱為「球竿」，長122公分，當時很盛行利用這種木棒做伸展運動。

雖然老師穿著洋服，但大部分學生仍是一身和服裝扮。因為是貓，所以也有很多孩子只戴著項圈。

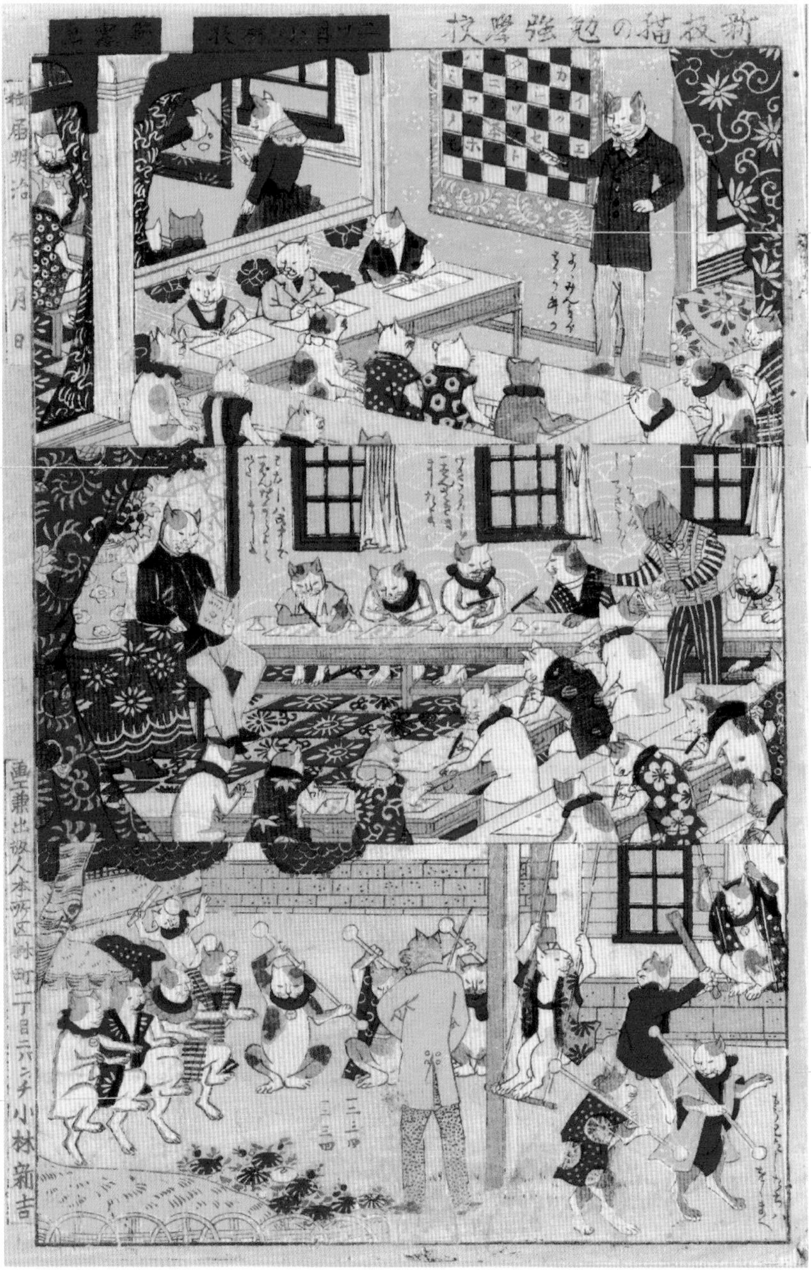

大家都聽懂了嗎？

注意聽 是這樣 這樣

今天 我最早來喲

我是班上第一名 我很棒吧

我們 已經做完了

一二三四 一二三四

男校

志板貓小學（志ん板猫の小学校）

作者不詳 ◉明治前期（1867～87）左右

這所「貓股學校」是只招收男生的男校。誠如「男女七歲不同席」這句話所示，明治時代即便是小學，大多也是男女分校。

校門內側，一群學生並排站立，手肘彎曲放在脖子後面，看來像是在做體操。左邊的男孩在盪鞦韆。為了訓練平衡感、節奏感、鍛鍊肌肉而引進校園的鞦韆，深受孩子們喜愛。

校舍的二樓則描繪學生邊看繪有圖像的掛圖，邊學單字，或用石盤和石筆練習拼字（平假名）的情景。

猫

新板貓遊戲（新板貓乃戲）

歌川國利 ◉明治17年（1884）

放學回家了，畫中的孩子正盡情地嬉戲玩耍。其中，有三個小孩正在玩模仿轎夫和轎客的遊戲。雖然進入明治時期之後，轎子和轎夫幾乎已消聲匿跡，但這類遊戲依然保留了下來。

滾鐵環（滾鐵圈）遊戲由來已久，江戶時代滾鐵環遊戲用的環圈，是木桶或酒樽的竹箍，這幅玩具繪裡的環圈也是竹子材質。後來腳踏車的輪圈取代了竹圈，明治30年代以後，則出現鐵製的細環，並蔚為流行。

畫中也有孩子因為要照顧年幼的弟妹，而把他們舉在肩上，或揹在背上。現在已經很難看到這種身影和情景了。

放學後

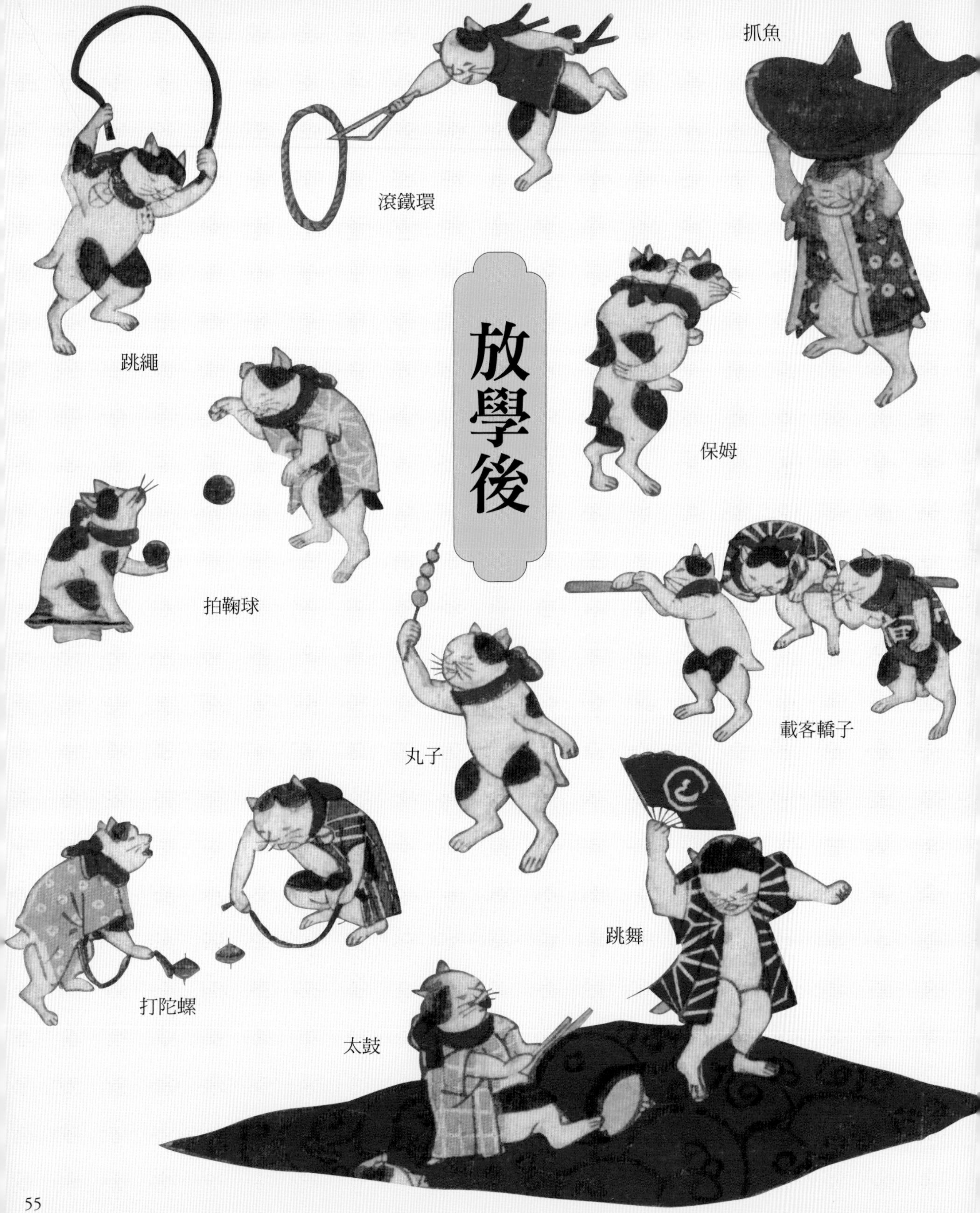

抓魚
滾鐵環
跳繩
保姆
拍鞠球
載客轎子
丸子
跳舞
打陀螺
太鼓

貓喜歡的食物

在沒有乾飼料或罐頭、調理包等市售貓食的江戶時代，貓都吃些什麼呢？

山東京山的小說《朧月貓草紙》（插畫由歌川國芳繪製）中，有個場景描述一隻名叫「小駒」的貓，在公主的宅邸裡，吃著比目魚生魚片、鯛魚魚板、沙梭魚肉等食物。在浮世繪中，除了吃生鮮魚貝的貓之外，也有吃柴魚乾、蝴蝶切魚乾、串曬魚乾、蒲燒鰻等加工食品的貓。

走筆至此，大家可能會覺得當時的貓吃得可真奢侈啊。然而，這其實只是少數有幸吃到大餐的貓罷了。當時，家貓通常是吃澆了湯汁，或灑些柴魚乾的米飯、豆渣、魚頭和魚骨頭等人類的殘羹剩菜。順道一提，當時人們常用鮑魚的外殼，充當家貓的餐具。

除了接受飼主餵食，貓也會自行到外面捕捉老鼠、小鳥、昆蟲等解饞充飢。

流行貓嬉戲（流行猫じゃらし）

歌川國芳 ◉天保12年（1841）左右

此畫中，三隻貓在最愛的大餐前，開懷舉行盛宴。標題和落款分別用章魚、鰻魚鑲邊，連和服的圖案也是魷魚和魚骨頭等，無一不是貓的最愛。帆立貝的貝殼裡，盛著切段的章魚腳，藍色盤子上的則是蒲燒鰻。

第四章 貓娛樂

賞花、看煙火等日本傳統的娛樂活動，
即便在進入明治時代之後，也依然人氣不減。
另一方面，在「文明開化」的帶動下，
滑雪、溜冰、棒球、網球等新穎的西式休閒娛樂活動也傳入日本。
明治16年（1883），接待外國賓客的鹿鳴館落成後，社交舞也隨之興起。
庶民休憩的場所——公園，
也是明治6年（1873）以後才出現的概念。
畫師保留了江戶風貌，
描繪穿著洋服、時尚摩登的貓身姿，
以生動有趣的筆繳，將這些風俗習慣一一呈現。
在我們的印象裡，現實生活中的貓，
休閒活動不外乎睡午覺，最多也只是嬉戲玩耍。
但在玩具繪中，真確地展現了貓精力充沛、活潑好動的身影。

消防演習

新板豎梯攀爬（新板階のりのづ）

小林幾英 ◉明治17年（1884）

幾個男人在高聳的梯子上，表演倒掛、張開手腳、坐下等各種特技。精湛的技藝，讓站在消防望樓上參觀的民眾驚嘆不已。事實上，這些社區消防組織「町火消」成員，平常是在高處工作的鷹架職人，對他們而言這種高空特技可說輕而易舉。何況畫中職人又都是貓，就更顯得不費吹灰之力。

此作描繪的是社區消防隊各小組人員，在正月四日舉行的「出初式」（消防演習）活動中，高舉代表各自小組的「纏」（隊旗），在街上緩步遊行、表演爬豎梯或唱木遣歌（滾動重物時唱的歌曲）的情景。背景是覆蓋著皚皚白雪的巍峨富士山，前面也可看到江戶城。

御届明治十七年十月
浅草御蔵前森田町廿番地 美濃忠

新板猫乃花見
画工長谷川町廿四番地竹内栄久
小梅村六十七番地樋口銀太郎

賞花

新板貓乃賞花（新板猫乃花見）

四代歌川國政 ◉明治11年（1878）

賞花民眾在盛開的櫻花樹下，盡情嬉戲享樂。左上角的男人正攙扶著一個醉漢。也有人不知是闖了什麼禍，後有來人追趕。

另一群人則在巨大的櫻花樹下，鋪著紅色毛毯，舉行宴會。有人戴著稱為「目鬘」的半臉面具，跟著三味線的節奏，跳著滑稽的舞步，有的則是隨著曲調打拍子，載歌載舞，好不快意。

右下角是一群孩童在玩遊戲，孩子們在身上綁著繩子的鬼追趕下，四處逃竄。咦？明明是賞櫻，卻沒人在看花呢！

「目鬘」又稱「百眼」，是一種只覆蓋臉龐上半部的厚紙面具。原本是江戶末期以來，「茶番狂言」（以隨手可得的事物為題材的滑稽劇）或「俄」（即興滑稽小劇）之類的短劇所使用的小道具，後來也應用在賞花或祭典的餘興節目上。由於相當風行，因此只要有人潮聚集的地方，就有賣「目鬘」的路邊攤出現。流風所及，現今每逢廟會祭典，都可看到賣面具的攤位。

歲時節慶

新板貓遊十二個月（新板猫遊び十二ヶ月）

作者不詳 ◉明治前期（1868～98）左右

這幅玩具繪描繪一年春夏秋冬四季的節氣時令風物。不管是單純的醉漢，還是取自古典文學的高尚主題，內容廣泛多元。由此不難想像明治時代庶民具有相當高的教養水準。

一月 為賀新春來到民家表演的藝人，有的用手巾包住臉頰，也有戴著多福面具的，在民家門口表演技藝，接受打賞。

二月 各地的稻荷神社在二月第一個午日舉行「初午祭」，祈求五穀豐收。畫中以初午祭祀狐仙為梗，描繪貓被狐狸魅惑而一起跳舞的樣子。

三月 在桃花節（女兒節）暢飲白酒後，酩酊大醉的貓。傳自中國、為驅疫辟邪而飲用的「桃花酒」，到了江戶時代則改成白酒。

四月 貓看到肥碩的「初鰹」（柴魚），興奮得手舞足蹈。江戶人熱愛「初物」（首次捕獲的食材），初鰹是人人垂涎的美食，俗話說「即便把老婆拿去典當也要吃」，可見一斑。

七月　描繪坐著青蛙車夫拉的蓮葉人力車，前往水邊的情景。這位應是要去參加舊曆7月26日舉行的「二十六夜待」賞月活動。

五月　歌人・在原業平以杜若（燕子花）為題，吟詠：「華美兮唐衣 久著褄萎張衣晾 親親吾愛妻 吾人遠行旅他鄉 留汝空閨吾心悲」的場景。

八月　貓和狸把肚皮充當太鼓的鬥腹鼓對戰。千葉縣木更津市的證誠寺，流傳著和尚和數十隻狸貓比賽伴奏樂「囃子」的傳說，此傳說也被改編成童謠。

六月　天氣炎熱、體力不支，是穢氣容易上身的季節。左邊描繪的是在川邊驅厄除穢的景象。右邊是在「川床」（茶屋川邊的座席）乘涼的情景。

十一月

穿著白無垢的新娘，拜別父母。進入十一月，田裡農作物已經收成，因此一般認為這段時間適合嫁娶。

九月

在九月九日重陽節，欣賞菊花畫作的場景。據說在這天飲用漂浮菊花瓣的菊花酒，以驅邪除災、祈願長壽。

十二月

雪花飄揚中，人們忙著準備過年的匆忙氛圍。腳邊的小狗似乎也沒人有空閒搭理。

十月

仿自中國詩人白居易的詩句「林間暖酒燒紅葉」，在林間燃紅葉溫酒，享受秋季風情的情景。

相撲

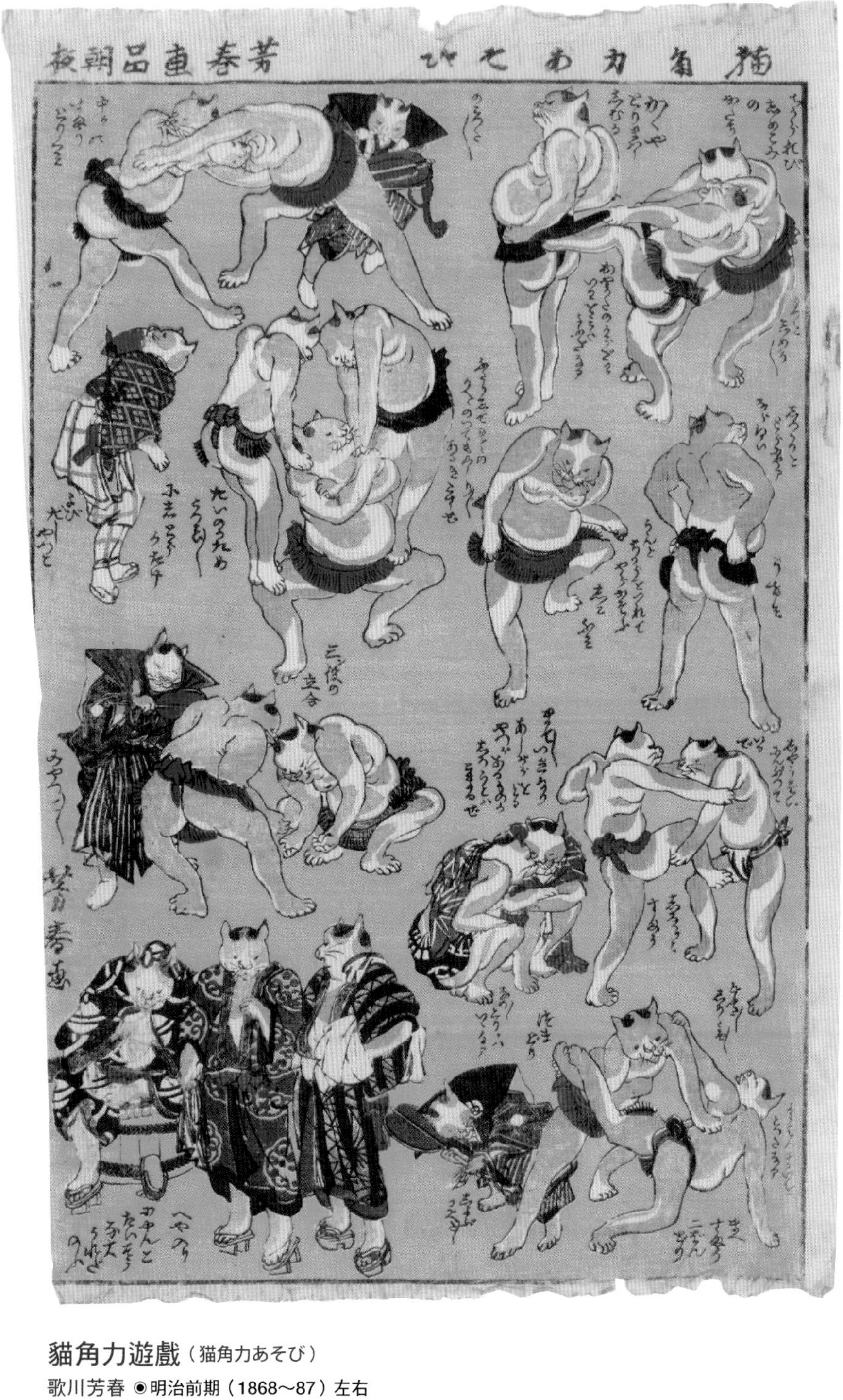

貓角力遊戲（猫角力あそび）

歌川芳春 ◉明治前期（1868～87）左右

相撲在江戶時期極為盛行，和歌舞伎並列為最具代表性的庶民娛樂。但因選手必須裸身比賽，因此在明治維新之後遭受批評，被抨擊為「文明國家不該有的野蠻風俗」，加上贊助有名力士的各藩藩主收手不再提供金援等因素，相撲運動一度陷入存亡危機。

幸而明治17年（1884），明治天皇親臨現場觀賞相撲比賽，因此契機相撲再次恢復了人氣。

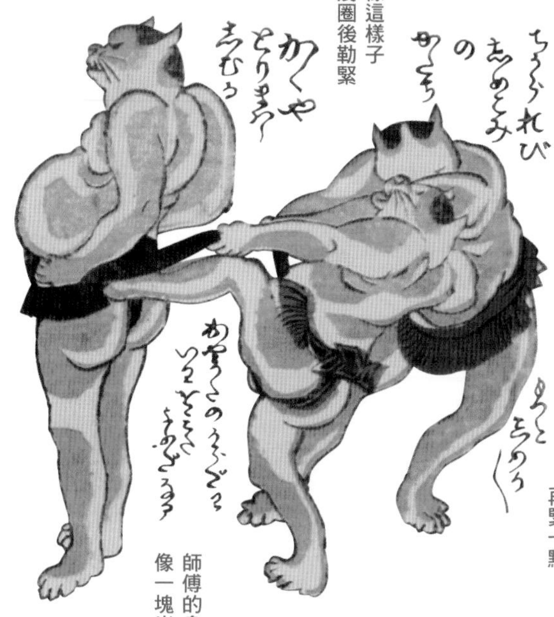

動用兩隻貓，幫親方（師傅）緊勒力帶。其中一貓一腳緊踩地面，使出渾身力氣說：「再勒緊一點。」束纏腰布需要相當大的力氣。

自信力氣過人的力士，和擔任練習對手的年輕弟子，進行日常訓練。即使膝蓋上各站著一貓，他也面不改色緩步前行。

兩位身材魁梧的力士走進相撲部屋。最左邊那位喃喃說著：「未免太賣座了吧。」可見這兩位是廣受歡迎的力士。

兩個年輕弟子角力搏鬥的場景。纏紅腰布的力士，施展特殊決勝技法「褄取」，獲得勝利。對手因腳踝被抓住，身體往前撲，手觸地面。

運動會

貓的各種運動（猫の運動尽）

小林幾英 ◉明治20年（1887）

明治7年（1874），位於東京築地的海軍兵學寮，在英國教師的指導下，舉行了「競鬪遊戲會」，一般認為這是日本運動會的起源。這幅玩具繪也如實呈現了划船、拔河、土風舞、盪鞦韆等，明治時期受西方影響而傳入的各項運動。

其中，很多項目到現在我們都還很熟悉，但也有不知道是什麼的運動。比如，畫面左下方的這項運動，矇眼者想用籠子蓋住白色鞠球，周圍的人則阻擋著不讓他達到目的。也許這個遊戲只短暫流行一陣子後就消失了。另外，明治20年（1887）雖是洋服與和服夾雜的過渡時期，但參加運動會的人，卻幾乎個個身穿洋服。

前進呀前進
大家一起前進
寧死也不後退
為了皇國
為了國家
鬼來了
鬼來了
三毛君
我碰到你了
快點
過來啊
欸
快蓋住
白鞠球
丟鞠球
別讓他蓋上
扮鬼臉
喂！
可以換我嗎
阿淵
你賴皮
換美沙
當鬼
不給你
怎麼能
輸給你們咧
這鞠球
丟的很不好哪
怎能
讓你搶走啊
大家都
很能跑哪
我已經上氣
不接下氣了
我跑第一

貓玩具繪的始祖、喵老師・歌川國芳

歌川國芳是活躍於幕府末期的浮世繪畫師。他有時在連續三張一組的寬廣畫面上，畫滿巨大的骷髏、鱷鮫，有時則組合各種姿態的人物，形塑成一張大大的人臉。無論哪種畫作，都讓當時的江戶人驚嘆連連。由於他豪邁大膽的構圖、天馬行空的發想，近年來國芳也被稱為「奇想浮世繪師」，人氣日益高漲。

另一方面，據說他每天早上會到附近田裡抓青蛙，放養在自家庭院，享受聆聽蛙鳴的樂趣。國芳也是一位愛護身邊小動物的人，尤其對貓情有獨鍾。據說，他身邊總是飼養著數隻到十數隻不等的貓，工作的時候也會把貓抱在懷裡。愛貓往生時，還將牠埋葬在寺院，授予戒名、立牌位，家裡甚至設有貓的佛壇、過去帳（日本佛具之一，記載死者戒名、俗名、身歿年月日、享年的冊子）。

正因國芳是個愛貓成癡的超級貓奴，所以他總能精準掌握貓咪的瞬間動作，栩栩如生地呈現在畫作上。國芳創作的美人畫，常可見喵星人躍然紙上，這些喵星人的舉止憨態，即便在現代的貓奴看來，也都忍不住會心一笑，頻頻點頭稱是者，更是不在少數。據說，不論從獸醫學或動物行為學的角度來看，國芳筆下的喵星人，舉動樣貌都與常理相當吻合。

此外，國芳更發揮天生的調皮玩心，把貓的各種姿態組合起來，繪製成文字或和服的紋樣。即便是怪談中的妖怪「貓又」，也頭戴手巾、手舞足蹈，顯露出可愛逗趣的一面。另外，國芳也有許多不用「貓肖像」，而用「貓粧容」手法繪製人氣歌舞伎演員的畫作，或是以貓擬人的畫作，這些作品都博得極大好評。這種把貓擬人化的畫風，後來更為明治時期的玩具繪傳承下來。

近來，國芳也被譽為「貓浮世繪師」。若觀賞他以貓為題材繪製的作品，愛貓族固不待言，即便不是愛貓的人，也會讚嘆「可愛」、「好玩」、「有趣」。箇中妙趣精髓，無與倫比，沒有其他畫師足堪比擬。

沒錯，國芳正是浮世繪界的「超級喵老師」。

（浮世繪貓愛好家・則武広和）

貓的假借字　柴魚

（猫の当字　かつを）

◉天保14年（1843）

這是貓和柴魚組合形塑而成的貓字。是我們現代人想太多嗎？為什麼看到頭戴「御菓子（おかし）」袋子的貓擺出的姿勢，就聯想到「奇怪（おかしい）」的諧音梗，而忍俊不住呢。

國芳在他名為「浮世よしづくし」（浮世事事是好事）的作品中出現的自畫像。不知是否因生性害羞，國芳畫自己時，總是以背影呈現，且多數時候身邊都有貓陪伴。

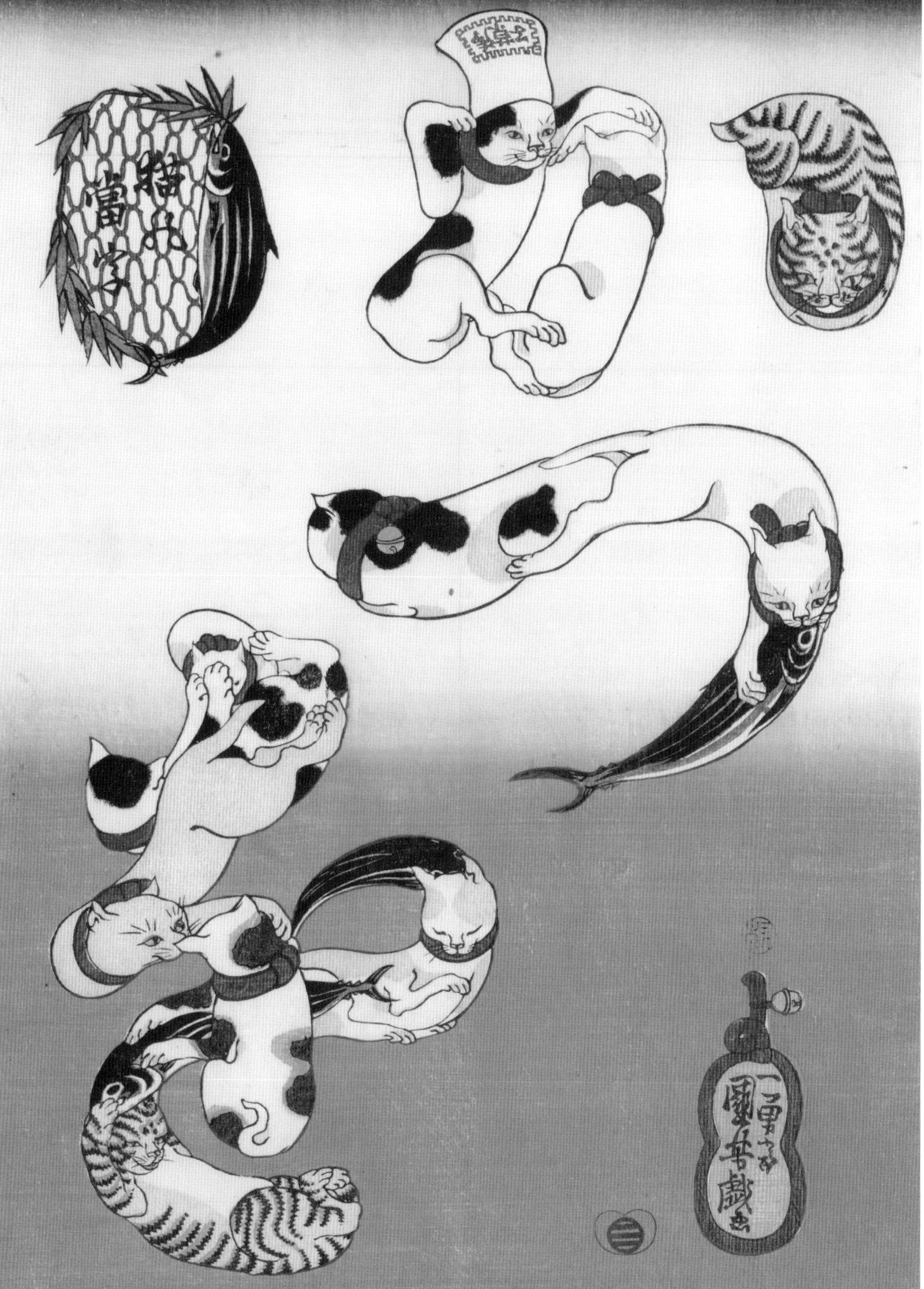
猫の當字
一勇斎國芳戯画

貓的假借字　たこ／なまづ（猫の当字　たこ／なまづ）

◉天保13年（1842）左右

「たこ」（章魚）的「こ」是「古」的草寫字。「なまづ」（鯰魚）的「づ」則是由「つ」字源「川」的草寫字，加上代表濁音的兩顆鞠球組成。畫師落款的外框，則是以緋紅色的項圈和鈴鐺為素材，設計成國「芳」的平假名「よし」（Yoshi）的字樣。

除了這三幅畫，目前已知貓的假借字系列作品，還有「ふぐ」（河豚）和「うなぎ」（鰻魚）。

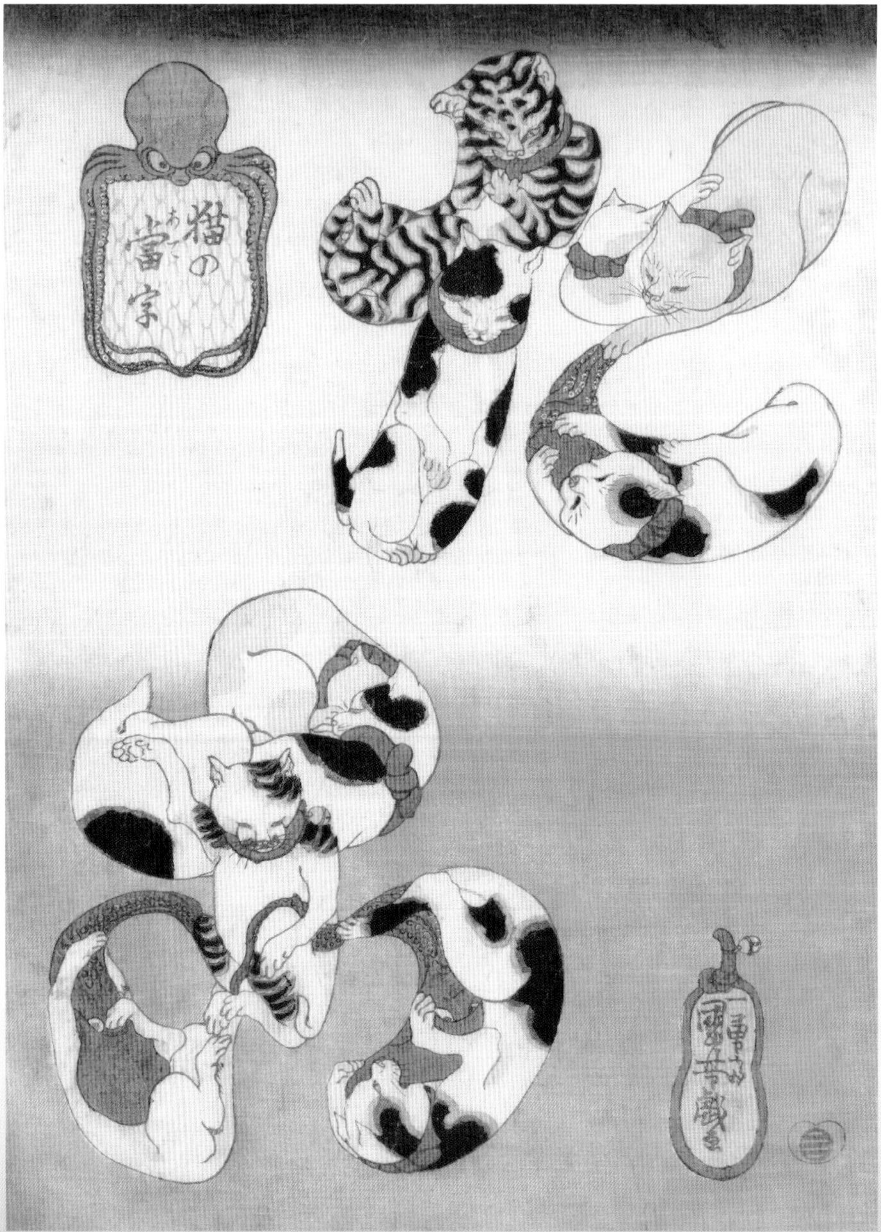

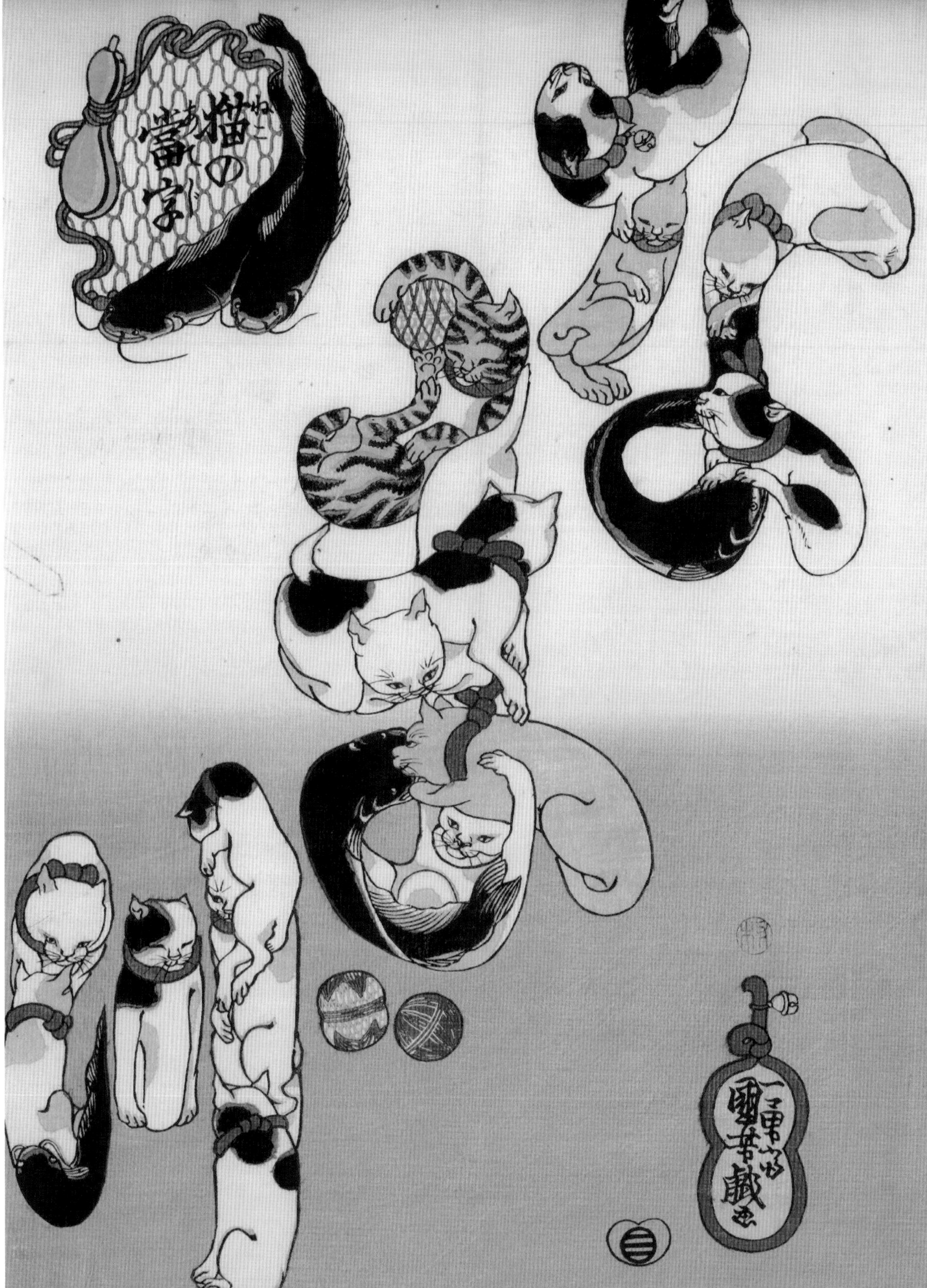

猫の當字
一勇齋國芳戯画

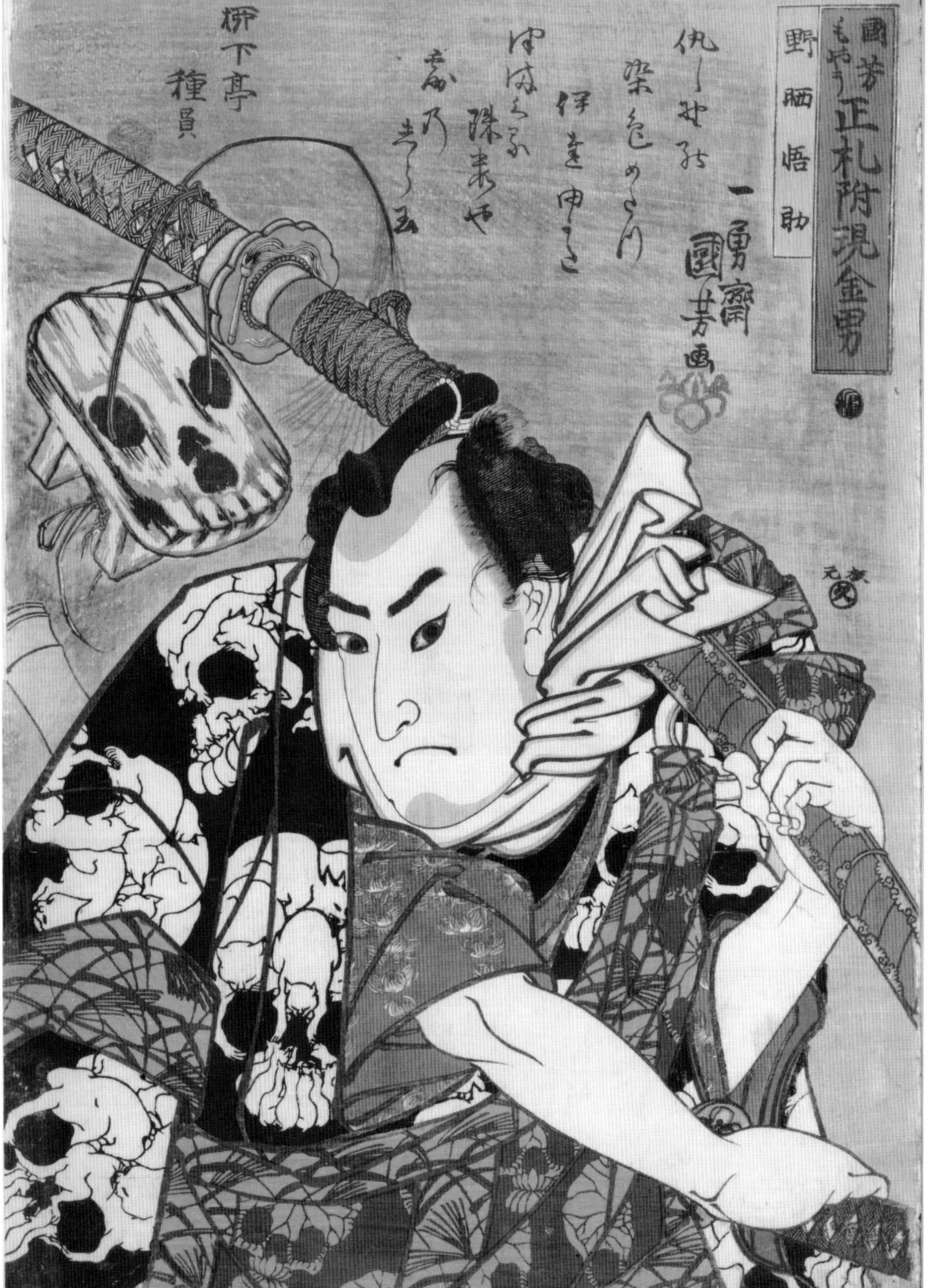
國芳もやう正札附現金男
野晒悟助
一勇齋國芳画
柳下亭種員

國芳模樣正札附現金男 野晒悟助

（国芳もやう正札附現金男 野晒悟助）

◉弘化2年（1845）左右

「正札附現金男」意指貨真價實的好男人。此作品畫的是在江戶後期的「讀本」（江戶時代小說的一種）中登場的俠客人物野晒悟助。曝屍荒野的骷髏，代表「野晒」，是悟助的正字標記。國芳運用親子白貓組合設計成驚悚恐怖的骷髏頭。

貓身八毛意

（猫身八毛意）

◉天保13年（1842）左右

此為剪來當團扇用的畫，畫中藉由貓的動作，呈現近江國（今滋賀縣）的「近江八景」。

國芳利用這些動作的同音或諧音梗來表現八景。例如最右邊的「ぶちなまのあじのすき（buchi nama no aji no suki）」（花斑貓愛吃竹莢魚），代表「石山秋月(ishiyama no aki no tsuki)」；正中央的「三毛のばんしょう（mike no bansho）」（花貓下盤將棋）意指「三井晚鐘(mii no bansho)」。不過，這些雙關梗實在頗為牽強。

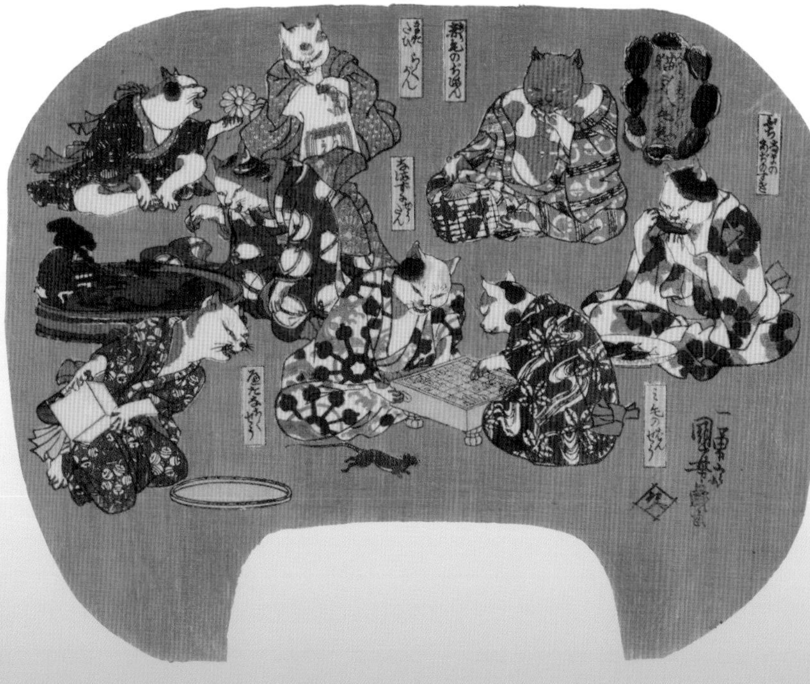

五十三次之內 岡崎場

（五十三次之内 岡崎の場）

◉天保6年（1835）

此作是以歌舞伎的怪談故事「梅初春五十三駅」中的岡崎場景為題材，所繪製的「役者繪」（描繪歌舞伎演員的風俗畫總稱）。描繪的是第三代尾上菊五郎扮演的老婦（貓精），在舔了油燈的油之後，映照出貓影、現出原形的橋段。

老婦兩邊畫有兩隻「貓又」，頭上包著手巾在跳舞。明明是駭人的場景，貓又卻顯得極為逗趣可愛。

荷寶藏壁塗鴉

（荷宝蔵壁のむだ書）

◉嘉永元年（1848）左右

這作品就像是在「土藏」（塗泥灰的土牆倉庫）的牆上塗鴉般，繪製了歌舞伎演員的肖像。「荷寶」（Ni takara）是「因為相像」（Nitakara）的日文諧音梗。一揮而就的肖像，雖看似稚拙，卻完全掌握了當紅演員的神韻特徵。

正中央是極受好評，在怪談故事中登場的「貓又」。貓又的外型足與現代搞笑漫畫比擬，令人不禁拍案叫絕。

荷宝蔵壁のむだ書
大でき
一勇斎国芳戯

豔姿十六女仙 豐干禪師

（艶姿十六女仙　豊干禅師）

◉弘化4～嘉永元年（1847～48）左右

右上方格子裡的人物是邊伸懶腰，邊大打呵欠的中國高僧豐干禪師。傳說豐干禪師馴養老虎騎乘，因此畫中繪有隻老虎在他背後。國芳用此畫來呼應剛趕走瞌睡蟲，伸展雙臂的女子，以及女子飼養的貓。

畫中的貓，在跨出前腳伸展身體後，打了一個大呵欠。國芳完美捕捉貓咪的瞬間動作，活靈活現地加以表現。

各種貓的譬喻（局部）

（たとえ尽の内〔部分〕）

◉嘉永五年（1852）

此作取材自各種與貓有關的日文譬喻俗語。右邊畫的是「連貓也不吃」，比喻食物難以下嚥。左邊畫的是「貓戴紙袋」，在貓的頭上套上紙袋，貓就會往後退，用來比喻「卻步不前」的狀況。

第五章 貓劇院

來呀！來呀！大家快來看呀！
這裡是眾貓放鬆休憩的歡樂遊藝區，
各式各樣、大大小小的劇場林立，
今天也上演各種精彩的表演。
在雜技屋的舞台上，貓藝人踩著太鼓或三味線、笛子的曲調，
以輕盈俐落的身手，表演特技雜耍。
有的走並排木樁、有的走繩索，
驚險刺激，讓人不禁手心冒汗。
小劇場裡則上演著大星由良之助等四十七名浪人，
成功為主公復仇、家喻戶曉的《假名手本忠臣藏》，
以及時次郎和遊女浦里的戀愛故事《明烏》等歌舞伎戲碼。
互飆演技的貓演員，那瞬間定格的姿勢或表情，
也是一大亮點。

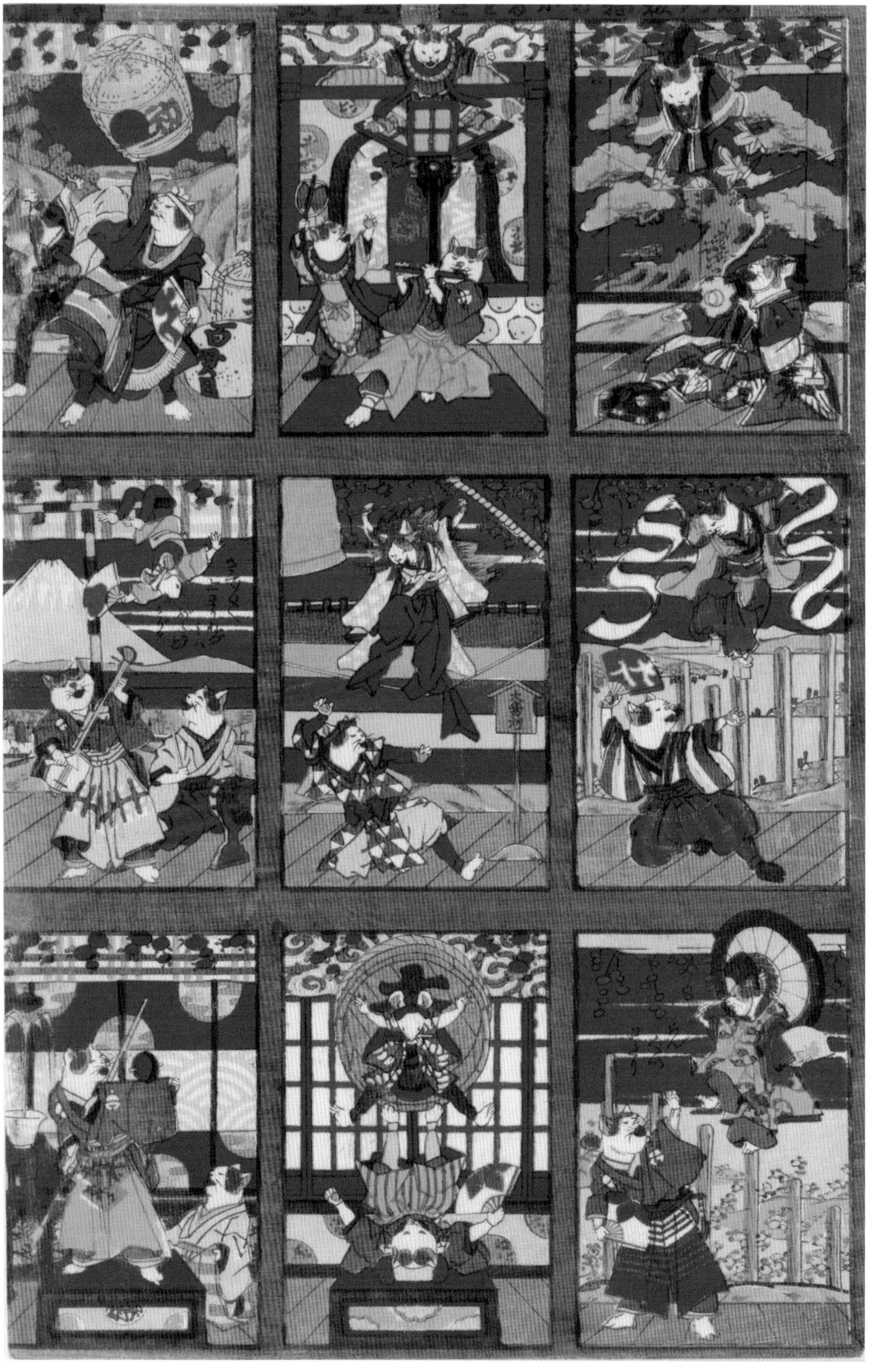

特技雜耍

走索：在繩索上跳舞、表演技藝。

扛竿：在立於長竿的小平台上，一邊保持絕佳平衡，一邊表演。

志板貓特技雜耍（志ん板猫のかるわざ）

歌川芳藤 ◉明治前期（1868～87）左右

這幅玩具繪的九個方格，分別描繪了江戶時代流傳至今的各種特技雜耍。演出者不僅有貓，還有老鼠擔任助手表演技藝。P.79的兩組貓咪，都是表演在搖晃的木樁上快步行走，名為「走高低樁」的雜技。

耍陀螺：在長刀或和服上自由操控陀螺。

舉重：舉起米袋或百貫（375公斤）重的大石頭。

蹬技：貓以雙腳轉動裝有老鼠的圓桶。

金鐘倒掛：來來來！老鼠就要從上面倒吊下來。貓聲甫落，老鼠就和著貓彈奏的三味線、太鼓的節奏，從高竿上往下倒掛。

踩球

新版貓踩球（新版猫の玉乃り）

歌川國利 ◉明治28年（1895）

一位名為山本小島太夫的雜技藝師，在歐美各國巡迴演出時，習得西洋踩球雜技的本領，並在明治16年（1883）於大阪演出。據說，這是日本踩球雜技的肇始。翌年，江川作藏在橫濱演出踩球技藝，深獲好評，之後全團便持續在淺草固定演出。同一時期，青木雜技團也投入踩球表演，受歡迎的程度，和江川一團不相上下，兩個表演團體平分人氣的盛況，一直持續到大正12年（1923）關東大地震之後，才出現變化。國利應是在這股風潮的影響下，繪製了這幅作品。

小演員背著柴籃表演砍柴技藝，其中有個孩子失足掉下彩球。
左邊傾斜的木板上，正要開始表演鑽圈雜技。

演員穿著小和尚和少女的衣裳，一邊踩球，一邊演戲。

穿著木屐的貓演員表演彩帶舞。這要有高超的技藝，才能維持平衡吧。

彌次、喜多 其一

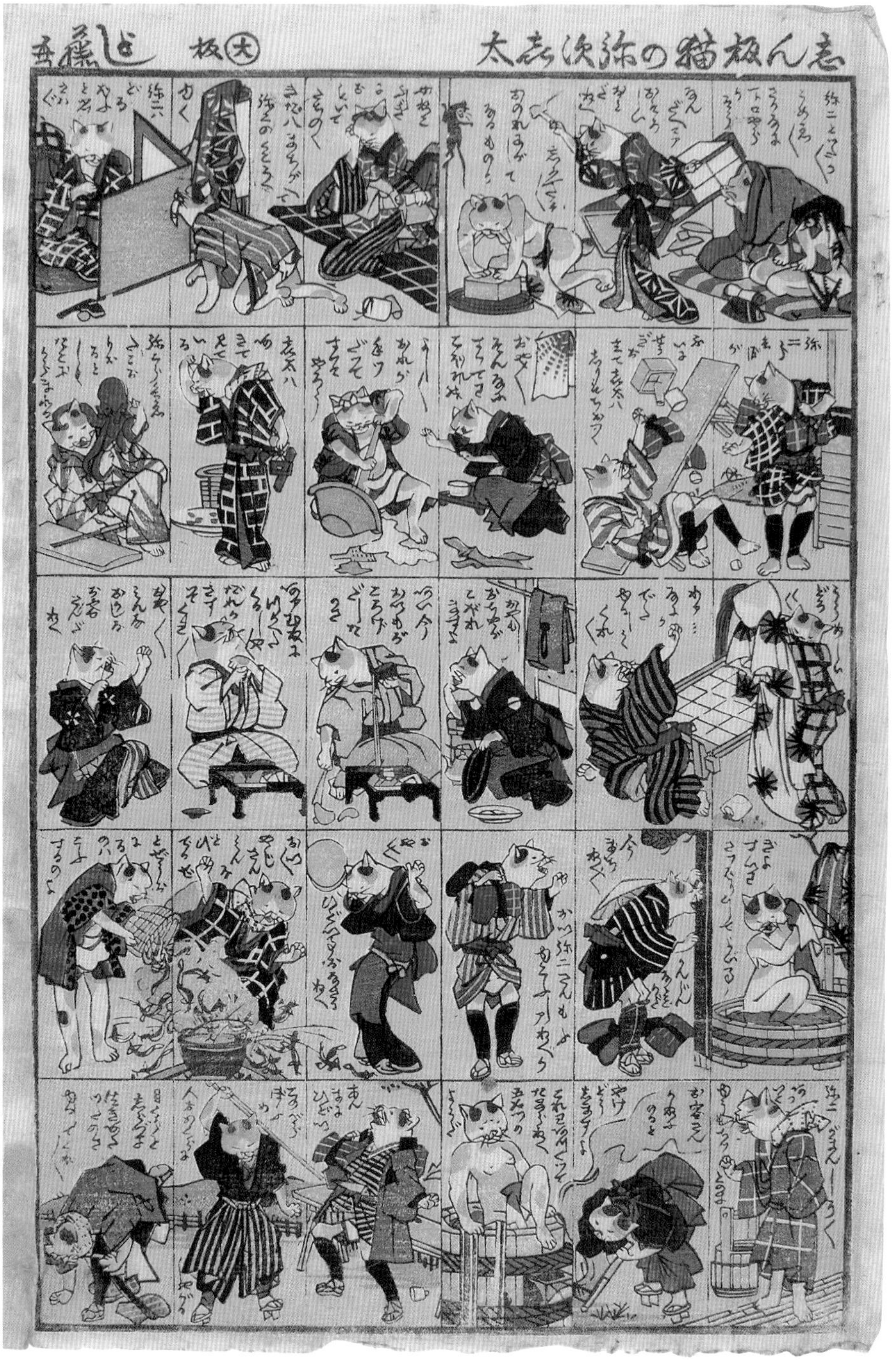

志板貓彌次喜太（志ん板猫の弥次喜太）

歌川芳藤 ◉明治前期（1868～87）左右

彌次和喜多是十返舍一九（1765～1931）的滑稽紀行小說《東海道中膝栗毛》（東海道徒步旅遊）的主角。此作把兩位家喻戶曉的小人物，在徒步東海道旅途中發生的趣事，轉化成貓的形體呈現。即便邁入明治時期，《膝栗毛》依然深受歡迎，人氣不墜。

女貓
一臉不可思議地
走開

喜多八
搞錯方向
跑到彌次的房間

彌次以為是
小偷
大嚷大叫
造成騷動

喜多想潛入女貓睡房，不料卻搞錯，跑到彌次的房間。形跡可疑的身影，讓彌次誤以為是小偷，引發一陣騷動。

彌次
抓到沒
抓到沒
好吃好吃
抓來配魚
當下酒菜
乾一杯吧

什麼事啊
唉呀
好嚇人的聲音

捉到了
捉到了
看你往哪逃

彌次想抓老鼠當下酒菜、喝一杯，老鼠卻一溜煙跑掉了。

唉呀唉呀
你這樣亂磨一通
山藥汁會溢出來

來來
我來幫你磨

想一嚐鞠子宿（丸子宿，今靜岡市）的名產「山藥汁」，於是自告奮勇幫忙磨山藥。

喜多八
呆傻地看著
那情景

彌次良兵衛
想料理章魚
卻反被
章魚爪纏身

彌次想料理他最愛的章魚，卻反被章魚爪纏住。

彌次良兵衛
突然離開板凳
站起來
害得喜多八
摔個四腳朝天

在茶店小歇片刻後，彌次默不吭聲地就站起身，準備上路，還坐在板凳另一端的喜多因此摔了個四腳朝天。

沐浴潔身
真清爽
好舒服

等一下啦
等一下啦
這會兒正精彩哪

喂！彌次
該上路了啦

偷窺女貓沐浴的彌次，腳像被釘住般動也不動地說：「這會兒正精彩哪。」

唉呀唉呀唉呀
你們怎麼
弄得亂七八糟的

喂喂
彌次！
泥鰍全跳出來啦

泥鰍
就要這樣煮

彌次想煮泥鰍，泥鰍卻一隻一隻從鍋子裡面跳出來。

可恨哪
嗚～嗚～嗚～

哇啊……
鬼出來了
饒了我吧
饒了我吧

彌次想嚇唬膽小的喜多，撐開浴衣裝神弄鬼。

彌次
忍耐 忍耐
等一下就不燙了

客官
你要是直接
踩在鐵鍋上
可會燙傷呦

這燙得
讓人受不了
就像五右衛門
被處烹刑一樣

彌次不懂五右衛門風呂的泡法，喜多覺得好笑，便故意騙他、捉弄他。（傳説俠盜石川五右衛門被豐臣秀吉以鐵鍋烹煮處死，因而稱此種澡盆為五右衛門風呂。）

彌次、喜多 其二

東海道滑稽五十三次之內第二（東海道滑稽五十三次の內第二）

歌川國利 ◉明治16年（1883）

這也是以彌次和喜多為題材的畫作，畫中描繪了東海道第九個「宿場」（驛站）大磯，至第十六個宿場蒲原，共八個實際存在的宿場小鎮名。誠如標題的「第二」所示，這是東海道中膝栗毛系列的第二幅畫作。

痛死了
痛死了
痛死了
踢到這顆
臭石頭

哎呀！危險

大礒

一個踢到大石頭絆倒，另一個則俐落地閃開。這顆石頭也在《曾我物語》（以鎌倉時代發生於富士野的曾我兄弟復仇事件為題材的英雄傳記故事。）中登場，是鎌倉時代的遊女「虎御前」化身而成的「虎御石」。

箱根

看我吊在
電報線上

這位客官
真是傷腦筋

小田原

兩人騎在馬背上，發現新架設的電報線，其中一個立刻吊了起來。這想必是要玩「小田原提燈」（小型圓桶狀的提燈。小田原名產）的梗。

三嶋

偷看人洗澡是「彌次喜多」系列必有的場景。畫中出現的竟不是女貓，而是女人。

啊啊
這熱水真舒服

哎呀，等一下啦
看得正精彩哪

彌次
咱們該
上路了吧

媽啊
好痛啊
好痛啊

怎麼黑漆漆的
發生了什麼事
你還好嗎

沼津

油燈翻倒，鄰房的婦人一臉擔心地前來察看。貌似燈芯之類的東西刺進他的手，痛得他一陣呼天搶地。

原

一陣強風迎面襲來，心裡正想著：「這種逆風真讓人受不了」時，旅伴的斗笠就被吹走，引發一陣慌亂。

哎呀
糟糕
斗笠被吹走了

這種逆風
真讓人受不了
受不了
受不了

閒著也是閒著
不如來模仿
山車吧

咚咚咚

這兩個白癡
到底在搞什麼
這樣是要我
怎麼拉車

吉原

兩人以巍峨的富士山為背景，坐人力車在街道上奔馳。他們卻一刻也閒不下來，模仿起祭典的彩飾「山車」遊行，一個用煙管敲打斗笠當太鼓，一個張著扇子搧風，兀自嬉鬧耍寶，惹得車夫暴怒不已。

蒲原

這傢伙誤把老婦當妙齡少女，潛入她的房間。結果反被老婦扯掉兜襠布，痛斥：「看我怎麼修理你。」

痛痛痛

這個混蛋
看我怎麼
修理你

新板戲貓忠臣藏（新板戯猫の忠臣蔵）

歌川芳藤 ◉明治15年（1882）

《假名手本忠臣藏》是根據歷史真實事件「元祿赤穗事件」，改編創作而成的戲劇，全劇共十一段。該事件發生於江戶時代，但改編後將舞台設定在室町時代，人物名字也重新安排。史實中的淺野內匠頭、吉良上野介、大石內藏助，分別改成以鹽治判官、高師直、大星由良之助等姓名登場。這幅畫作繪製的是初段至六段的精彩場景。

顏世御前

師直

若狹助

初段

在鶴丘八幡宮進行「兜改」（檢查砍下首級所戴的頭盔，調查持有者的身分）的場景。鹽治判官的妻子顏世御前，奉命前來鑑定頭盔是何人之物，不料卻引發高師直和桃井若狹助發生衝突。若狹助遭到師直惡言侮辱，與鹽治判官同仇敵慨，對師直懷恨在心。

本藏

小浪

力彌

第二段

大星由良之助的嫡子力彌和他的未婚妻小浪，在桃井若狹助的宅邸相會。外面庭院，小浪的父親加古川本藏向若狹助示範，必須像他砍斬松樹一樣，俐落一刀斬殺高師直。

山名二郎

力彌

由良之助

第四段

大星力彌等年輕武士，群起反對遷離宅邸，力彌的父親由良之助極力説服眾人，誓言用判官切腹時使用的刀，割下師直的首級，為判官報仇。師直切腹時，態度冷酷無情的藥師寺次郎左衛門（山名二郎左衛門），則在屋頂上監視。

勘平

阿輕

伴內

第三段

鹽治家的家臣早野勘平在與阿輕耽溺於男女情事時，發生了鹽治判官手刃高師直，導致師直負傷的大事件。勘平感到羞愧難當，無處可去，只好和阿輕遠走他鄉。暗戀阿輕的鷺坂伴內也在這一幕中登場。

阿輕

彌五郎

鄉右衛門

勘平

第六段

勘平誤以為自己殺死的人是阿輕的父親，內心愧疚，要切腹自殺。不過，鹽治家的家臣原鄉右衛門指證表示，從定九郎的屍體找到子彈，真相逆轉，勘平殺了真兇，為岳父報仇。

定九郎

與市兵衛

勘平

彌五郎

第五段

阿輕的父親與市兵衛，帶著阿輕賣身茶屋籌來的錢，打算給勘平充當軍用資金，參加刺殺行動，不料半路遭到斧定九郎（雖是鹽治家重臣的兒子，卻是惡人）殺害，搶走錢財。勘平想獵殺山豬卻誤將人射死，搜身後，奪走死者身上錢財，倉皇逃離。

明烏

新板貓明烏（新板猫の明がらす）

歌川芳藤 ◉明治前期（1868～87）左右

此為在新內節、清元、常磐津等三味線樂曲傳唱帶動下，廣為人知的「明烏」（曉鴉）故事。「明烏」是將吉原蔦屋的遊女三吉野和淺草藏前的商人伊勢屋伊之助，兩人在江戶三河島殉情事件，改編成遊女山名屋浦里和春日屋時次郎的情愛故事。

戀慕之心，如積雪深幾許

浦里姐姐好像很開心

女童小綠

在「戀慕之心，如積雪深幾許」曲調流洩中，遊女浦里備了滿桌美味佳餚，舉行宴會。為客人斟酒的女童是遊女浦里的女兒小綠。坐在中間的浦里相當開懷的樣子。

結束工作回到房間，戀人時次郎已久候多時。自與浦里日久生情，時次郎三天兩頭就往山名屋跑。雖因拖欠的帳款愈積愈多，正被逼得走頭無路，他還是避人耳目，偷偷潛進浦里的房間。浦里一臉洋溢著幸福，說道：「小時，你還沒睡啊。」

小時 你還沒睡啊

在等你呀

老鴇
教訓浦里

妳啊
我都說破嘴了
妳還是講不聽

老鴇聽到兩人商量殉情的事，責問浦里：「都警告過你了，你還是不聽。」於是強行把浦里拖到青樓主人面前。

幾個年輕伙計逮住時次郎，一番拳打腳踢後，把他丟出門外。

揍！揍！
痛打他一頓

把他
丟出去

這個浦里
講也講不聽

處罰妳
是要昭示眾人
殺雞儆猴

花魁
身上這麼單薄
一定很冷吧

換我來教訓

最好痛斥一頓
嚴加懲罰

浦里！
乖乖聽話
斷開時次郎

您要怎麼懲罰我
我都沒關係

但是求求你

外面正下著雪。青樓主人厲聲痛斥浦里，要她和時次郎分手，切斷情緣，並把她脱得只剩一件緋色長襦袢，用繩子捆綁在松樹上。護母心切的小綠也被綁起來。

不久後，時次郎由屋頂潛入，並解開浦里身上的繩子，三人一起翻牆逃走。

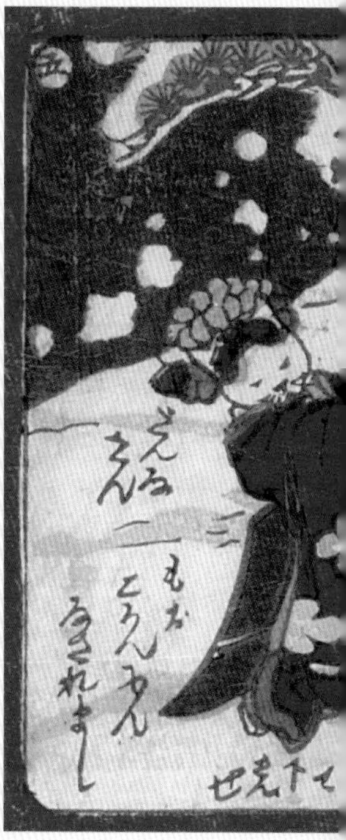

老爺
請息怒
放過她吧

兩人
剛剛是在作夢嗎
怎夢見這麼
不可思議的事

這時，兩人悠悠張開眼睛，從睡夢中醒來。原來是南柯一夢，兩人做了非常不可思議的夢。

38歲的帶屋長右衛門和信濃屋年方14歲的女兒阿半，在偶然的機緣下，發生了關係。然而，長右衛門是有婦之夫，阿半有了身孕，長右衛門遺失了名刀等各種問題紛擾，兩人遂決定在桂川殉情。

阿半 長右衛門

出自《桂川連理柵》

噯
長右衛門哥哥

梅川 忠兵衛

出自《冥途飛腳》

忠兵衛哥哥 妾卑不足道
君卻為妾故 心思費盡

飛腳屋的忠兵衛為了要幫戀人遊女梅川贖身，侵佔店裡公款。兩人雖逃回忠兵衛出生的故鄉，追兵卻已逼近，忠兵衛的父親雖然內心掙扎不已，仍決定放兩人逃走。

新板淨瑠理集錦（新板浄瑠理合）

歌川國利 ◉明治17年（1884）

此作繪製了各種歌舞伎戲碼的著名場景。若單獨來看，每一小幅也都像是明星畫報。

被清姬化身的巨蛇燒毀吊鐘的道成寺，正舉行新吊鐘的供奉儀式。美麗的白拍子※為供養法會跳起舞來，但她其實也是清姬的化身。這段舞蹈以眾僧反覆吟誦「聽聞否、聽聞否」作為開場。

道成寺

聽聞否 聽聞否

※平安時代末期至鎌倉時代間出現的歌舞。演出此歌舞的藝人亦稱白拍子。

盛怒之下殺死情敵，變成帶罪之身的井筒屋傳兵衛，來到相愛的遊女阿俊住處。傳兵衛交代阿俊要好好照顧自己，和母親、兄長一起過日子，阿俊卻向傳兵衛表示要和他共赴黃泉的決心。

阿俊 傳兵衛

出自《近頃河原達引》

這個呢 怨難接受 傳兵衛哥哥

善玉

出自《三社祭》

悔不當初打開 玉手箱

在歌舞伎的舞踊《三社祭》中，善人和惡人從雲中降臨，附身在兩個從隅田川撈起觀世音菩薩像的漁夫身上，並隨著「玉盡」的曲調，輕盈地跳舞。

夕霧

出自《廓文章》

恭喜少爺 贖身的銀兩也送來了

紅牌太夫夕霧的戀人伊左衛門，來到她的住處。伊左衛門原是富家公子，卻因放蕩過度而被逐出家門，落魄潦倒。這時僕人捎來家人已原諒他的好消息，並搬來幫夕霧贖身的千兩箱。可喜可賀。

貓的生活

在浮世繪中，常可看到許多和現在一模一樣的貓姿。比如，擺出「香盒」（前腳內折、像盒子般的姿勢）形狀，端正綣坐的姿勢；拱起前腳，撥耙東西的姿勢等。或是飼主抓著貓的前腳跳舞、或是被拉著走路說「好棒」……。和貓玩耍的飼主，覺得愛貓可愛到不行，以致眼睛瞇成一條縫、嘴角上揚的表情，也和現代的貓奴毫無兩樣。

不過，在貓的時尚裝扮上，當時和現代則略有不同。

現在的貓項圈大多是皮革材質的帶狀項圈，但當時的家貓則是將名為「首玉」裡面鋪棉的寬版帶子圍綁在脖子上。首玉雖有各式各樣的顏色和圖案，但大多數都是紅色。就像當時妙齡少女的髮飾也大多是紅色材質一樣，推想應是一般認為，紅色既可增添華麗感，也讓貓看起來更加可愛的緣故。

「首玉」的種類多樣，有用縮緬絲綢材質，也有麻紗材質的葉子圖案扎染，有的則裝飾皺褶花邊。另外，也有一些貓的首玉還裝著鈴鐺，鈴鐺以黃銅材質居多，也有金、銀材質的高級鈴鐺。這些小地方在在透露出，不管是哪個時代，飼主對貓的愛都沒有改變，一樣寵溺得無以復加。

志板貓百態（志んぱんねこ尽）
歌川國利 ◉明治23年（1890）

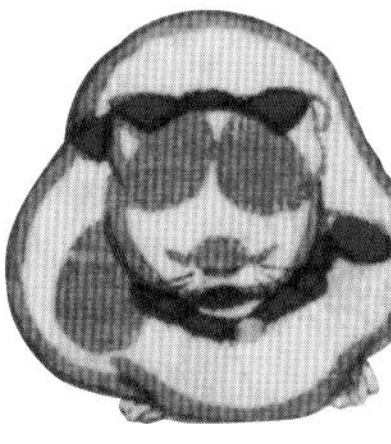

香盒貓

站住
這隻形跡可疑的貓
阿彌陀佛
被逮到就慘了
快逃
快逃
快逃
小偷貓

第六章 貓生活

放飯、磨爪、被狗追著跑、打盹睡覺……。
貓的日常生活裡，充滿了各式各樣的場景。
玩具繪中，也有像右頁刊載的畫一樣，
描繪貓原本真實樣貌的作品。
不過，大部分的玩具繪仍是把貓擬人化後，套用人類的生活模式。
這些擬人化的貓，不僅僅過著歲月靜好的日子而已，
也有不安分守己或無可救藥的傢伙，結婚或私奔等男女愛情糾葛，
「貓生」也是有不少風風雨雨、波折起伏。

鰻魚飯
好吃 好吃
好吃
小口點
別吃得
掉滿地
貓爸爸
我也想吃
鰻魚飯

新版貓百態（新版ねこ尽シ）

歌川國利 ◉明治前期（1868～87）左右

雖然將真貓和擬人化的貓，兩者的生活摻雜為一，但一些細微的動作，著實描繪得細膩生動。在人類聽來，貓語不過是「喵～喵～」，也許他們在說著圖中的台詞也說不定。

整理儀容

沐浴

啊啊
清爽多了
洗澡比什麼都舒服啊

磨爪子

先把爪子好好磨利
再來做其他事

洗臉

這身毛
挺髒了

洗腳

只要到外面走跳
腳就會弄髒
真是不勝其煩

呼嚕嚕

習性

紙袋

被這麼一惡搞
根本看不到前面
在貓頭上套紙袋
真的很差勁
討厭 討厭

午睡

被狗追

唉呦
好可怕啊
汪汪追來了

汪汪
汪汪

曬太陽

冬天的太陽
真的沒話說
暖洋洋地好舒服

飲食

捕魚

抓到了
這下子可以
喝一杯了

柴魚乾守衛

這叫一兼二顧

掀飯桶蓋

趁沒人在
大吃特吃一番
真是好吃 好吃

唉呀 唉呀
簡直太豐盛了
謝謝招待

大餐

沒什麼
好招待的
請盡量吃

飛簷走壁

哇啊
有魚的味道喲

初食宴※

可以吃了嗎？
豆渣好好吃耶

※（平安時代嬰兒出生滿百日時，安排百日初食宴儀式）

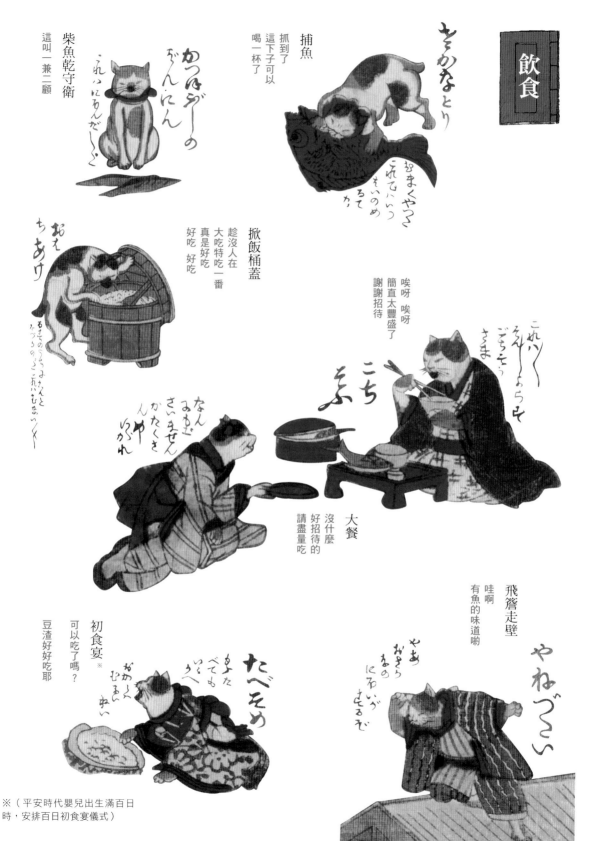

娛樂

木天蓼的味道

不知怎地
只要聞到這味道
心情就特別好
舒爽舒爽舒爽

抓老鼠

咚隆
逮到了
看你往哪逃

戀愛

嬉戲

細繩真好玩

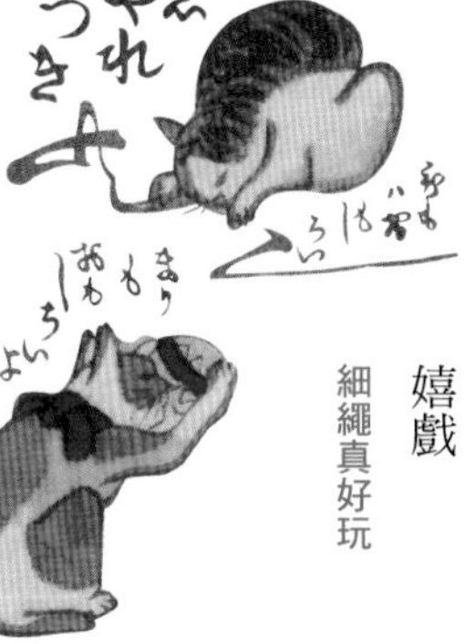

鞠球也好玩喲

私訪

只要我在這兒
喵嗚喵嗚叫
小花應該
就會出來吧

打情罵俏

嗷嗚~

喵嗚喵嗚

家族

迷路

我找不到路回家
嗚嗚
嗚嗚

出遊

萬一碰到狗狗
就糟糕了

來 來
我們回家吧
萬一跌倒就糟了

我們去那邊
看看嘛
有老鼠喲

母貓

弟弟長大了哪
阿母幫你仔細舔舔

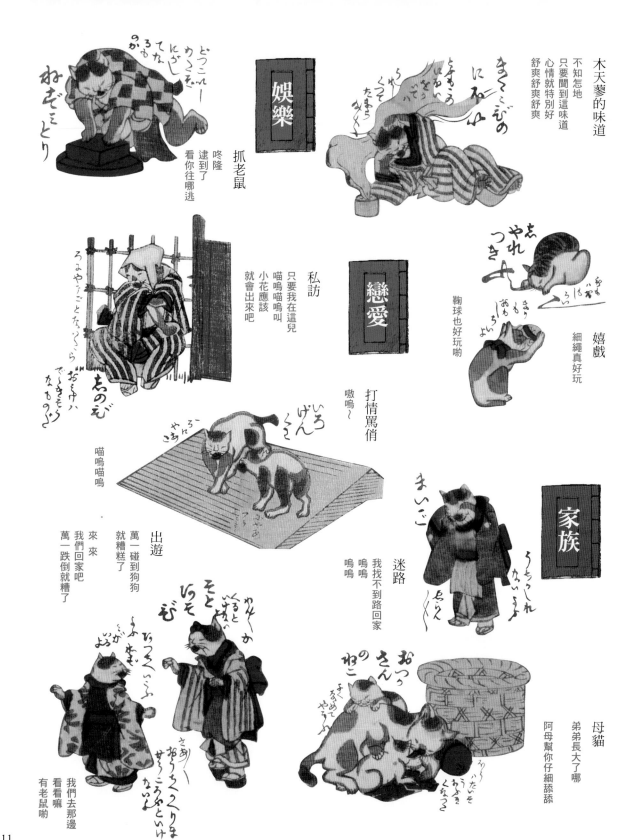

結婚

志板貓嫁娶（志ん板猫のよめ入）

歌川芳藤 ◉明治16年（1883）

詳盡描繪一對年輕男女從順利結為夫妻，到孩子出生的過程。因藉用貓的形體來反映庶民的生活，可從中一窺明治時代的婚禮流程和儀式規矩，饒富趣味。

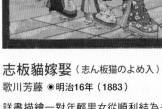

一 相親

首先，在茶屋舉行相親。媒人（右邊）對男方說：「這位姑娘溫柔又賢淑。」女方貌似對男方一見傾心，說道：「這位公子英姿煥發、相貌堂堂。」母親似也相當滿意，說：「女兒喜歡，我也喜歡。」

二 說親

媒人向女方父母轉達男方的意願，說道：「男方希望您們務必將令嫒許配給他。」在拉門後面偷聽的女方笑逐顏開，父親也欣喜地說：「這是一樁良緣。」

三 結納

在女方家裡舉行結納儀式。媒人把酒、魷魚乾、柴魚乾等結納品遞交後，女方父母客套地說：「唉呀、唉呀，實在太周到了。我們就欣然收下了」。

四 準備婚禮

廚房裡，婦女們正忙著準備婚禮的佳餚。備有碩大的章魚爪和美酒。

五 結婚典禮

喜氣洋洋的婚禮場景，新郎和新娘行交盃儀式。新郎身穿「紋付袴」（有家徽的禮服用和服），新娘則是一身和服搭配「角隱（蒙頭絹）」的裝扮。神聖的場所「床之間」（壁龕），則裝飾著象徵吉祥的蓬萊山景的盆景。

六 入洞房

入洞房儀式結束後，丈夫滿面笑容、妻子一臉羞澀。老婦人則如釋重負地報告：「看來已經順利入洞房了。」

七 生產

順利產下一名男嬰。婦人抱著剛出生的嬰兒來到產婦的丈夫面前，說道：「是個健康的小壯丁。」丈夫大為歡喜地說：「太好了。」

八 參拜神明

一家人帶著出生不久的嬰兒，前去參拜地方的守護神。妻子對著嬰兒說：「寶寶，我們來拜拜囉。」一旁的母親一邊探頭看嬰兒，一邊問著：「寶寶醒了嗎？」左邊的妹妹也很開心的樣子。

爭風吃醋

志板貓羅曼史（志ん板猫の恋じ）

歌川芳藤 ◉明治14年（1881）

有如七格漫畫的貓愛情故事。不過，貓的世界也有許多紛紛擾擾，也不是輕易就能以喜劇收場的。

一 私奔

從前從前，某個地方有個充滿男子氣概的男貓，帶著一個貪得無厭的女貓，沿著屋頂逃跑了。

二 愛巢

男貓和女貓結為夫妻，婚後過著美滿的生活。兩貓相當恩愛，女貓也總是把「好開心啊」掛在嘴上，很幸福的樣子。

三 遠行

男貓為了辦事，必須離家遠行三個月左右。女貓送男貓出門，並交代他：「要快去快回喲。」男貓也不放心地叮嚀女貓：「我不在的時候，要小心門戶。」就帶著牽掛出遠門去了。

四 情夫

由於男貓遲遲不歸，外面的男貓於是趁虛而入，「喵嗚喵嗚」地常往兩貓的家裡跑。外面的男貓對彈三味線的女貓大獻殷勤，討好她：「妳真是個多才多藝的美女貓啊。」

弟弟
福在內
你看
好有趣呀
這
這這
好像

五
返家

正當女貓在幫外面的男貓舔毛時，老公貓突然回來了。老公貓和外面的男貓撞個正著，這下糟了。

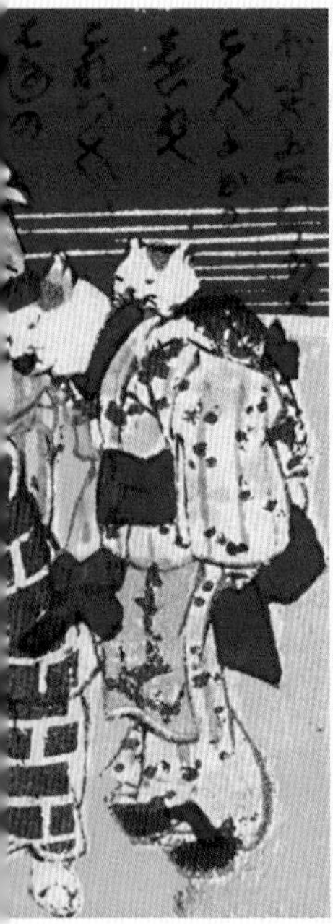

七
不可輕忽大意

六
騷動

怒火攻心的老公貓，拿出菜刀，油燈翻倒、煙火竄起，女貓急喊：「唉呀，且慢！」外面的男貓則嚇得癱軟在地。外面巡邏的貓問到：「發生什麼事？」邊進門察看。

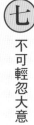

最後是，老公貓拿著寫有「ゆだん」（油斷，輕忽大意之義）字樣的旗子，眾貓則圍繞在他四周，邊說：「鬼在外，福在內。」邊撒豆子。甚至還有貓說什麼：「因覺得丟掉可惜，女人撿的比較多喲。」等戲謔的話。這個故事背後隱含的教訓就是，不管什麼事，都不可以輕忽大意。

有趣有趣
那個那個
那裡也有喲

俺也想撿

福在內
鬼在外

油斷
（輕忽大意）

挺有趣的

妳也撿
一些吧

唉呀 安靜點
撒豆時別
七嘴八舌的

多撿一點吧

因覺得
丟掉可惜

女人撿的
比較多喲

家事

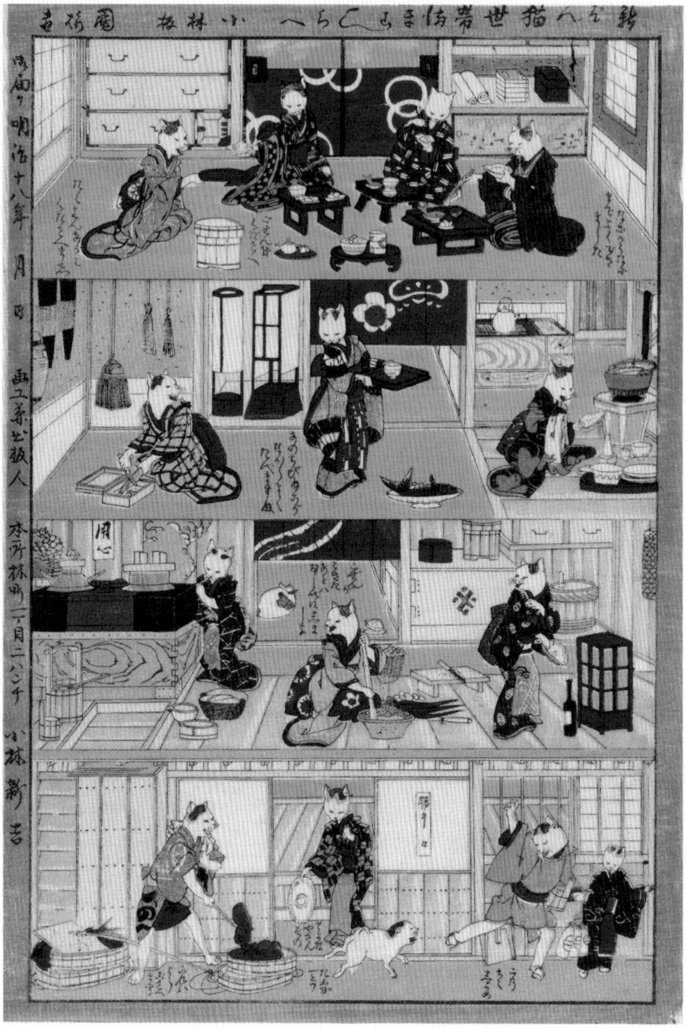

新板貓家庭煮飯做菜

（新ぱん猫世帯ままこしらへ）

歌川國梅 ◉明治18年（1885）

佣人正忙著為主人一家準備餐點。這戶人家想必環境相當優渥富裕。在沒有微波爐和電子鍋的年代，煮飯做菜相當費時費工。接下來就讓我們由下往上，依序看看當時是如何處理食材、準備餐點的吧。

魚販來到廚房後門賣魚。穿著蒲燒圖案和服的少女，拿著盤子從裡面走出來，說道：「魚販大哥，給我一隻那邊的章魚。」魚販把章魚遞給她，自賣自誇地說：「這章魚可新鮮了。」

這畜生

廚房後門

魚販大哥給我一隻那邊的章魚

這章魚可新鮮了

踏進後門即來到廚房。左邊的佣人正在煮飯，中間的佣人正在切菜、或用研磨杵磨蔬菜等食材。穿著鈴鐺圖案和服、年紀較大的資深女佣對眾人説道：「飯菜備妥後，咱們就收工休息吧。」廚房後面養了一隻貓，並放著乘裝貓食的鮑魚貝殼。

飯菜
備妥後
咱們就
收工休息吧

進到裡面後，端茶的少女正和刨柴魚乾的婦女説：「那隻小貓咪挺能吃的呢。」「小貓咪」不知是否指那位正要添第二碗飯的這戶人家千金。

那隻
小貓咪
挺能吃的呢

這戶人家的成員正在最裡面的房間用餐。菜色豐盛又美味，深獲主人讚賞。盛裝白飯的食器是鮑魚貝殼。

不管是菜
還是飯
都做得非常好

給我餐點

多吃一點

大富翁遊戲

新板貓的善惡（新板猫のぜんあく）

歌川芳藤 ◉明治前期（1868～87）左右

善玉、惡玉是將人心的善惡予以擬人化的角色，善玉和惡玉會把好人、惡人分別帶向幸福和不幸的道路。這個作品雖是描繪善玉和惡玉各顯身手的有趣故事，但隱含著「多行善事必有福報」的道德教誨在裡面。

善 孝敬父母

這個孝女正在為母親捶背。她溫柔地對有胸痛腹痛老毛病的母親說：「偶爾也要到外面走走，散散心，保養身體。」善玉正商量著要讓孝女早日出人頭地。

這女孩很孝順
我們讓她早日
出人頭地吧

媽媽
你也要保養一下身體
老待在家裡
心情容易鬱悶
生病

喔喔
妳是個貼心的女兒

每到春天
我胸痛腹痛的
老毛病就犯
痛得受不了啊

盡量發懶
耍廢吧

惡 忤逆父母

母親訓斥不孝女說：「妳成天在外遊蕩，偶爾在家也只會彈三味線。妳就不能做點針線活嗎？」不孝女卻只顧著抽煙，把母親的話當耳邊風。

噯　阿駒
我說妳一天到晚
只知道在外面遊蕩
偶爾在家呢
也只會彈三味線
妳就不能
做點針線活兒嗎

善 **美聲迷人**

孝女為了生活，邊彈三味線邊唱歌，四處賣唱。迷人的美聲吸引了窗內的男子。善玉們為孝女牽紅線，促成姻緣。

好美的歌聲啊
這女孩很孝順
我們來幫她
找個好人家結姻緣吧

惡 **出軌孽緣**

不孝女和迷戀的對象商量私奔的事，說道：「有人要來說媒了，我們快逃走吧。」後面那位一臉悲傷的女人，不知是不是男人的妻子？

有人要來
跟我作媒
你快和我
一起逃走吧

善

賢女姻緣

男子的母親來到家境貧寒的孝女家拜訪。孝女的母親惶恐地說：「唉呀，您怎麼光臨我們這種寒舍呢。」男子的母親卻提出令人欣喜的請求，表示：「我是來提親的，希望令嫒能與犬子締結姻緣。」

唉呀
您怎來這破舊的地方呢

犬子想與令嫒締結姻緣
所以冒昧前來提親

惡

嗜酒成性

私奔的不孝女正在一個破舊的宅院裡，和男人飲酒作樂。喝不過癮時，兩人即使身無分文，仍不惜賒帳買酒，非要喝個痛快不可。

還不過癮
再去賒個
五合酒來吧

好，好
我這就去

善 良緣

孝女獲賜良緣，舉行結婚典禮。孝女應答：「我非常幸福。」男方家人邊幫她倒酒，邊祝福新人：「白頭偕老、永浴愛河。」

我也非常幸福

白頭偕老

永浴愛河

惡 困苦潦倒

女子在路邊擺攤，賣付木（生火用的木片）和鬃刷。這是那位不孝女的下場。路過的人看她可憐而停步購買。惡玉在一旁幸災樂禍地說：「誰叫妳這麼不孝，惡有惡報。」

唉呀呀怪可憐的

跟她買一點吧

以前忤逆不孝

遭天遣

才淪落到這樣的下場

事到如今

後悔也來不及了

貓走柴魚乾（猫の鰹節渡り）
歌川廣重 ◉天保13年（1842）左右

畫中的貓一隻手撐傘，另一隻手拿著寫有「喵走高低樁」的扇子，腳下穿著高木屐，快步走過柴魚乾排成的高低樁。這是一幅戲畫，諧仿當時廣受歡迎的「走高低樁」雜耍特技。

名所江戶百景
淺草田圃酉町詣
（名所江戸百景　浅草田圃酉の町詣）
歌川廣重 ◉安政4年（1857）

廣重的貓

以《東海道五拾三次》等風景畫聞名的歌川廣重（1797～1858），雖不像同世代的歌川國芳（1797～1861）那般大肆宣揚自己愛貓成癡，然而，他愛貓的程度實則不遑多讓。

在廣重作為「繪手本」（寫生集）所畫的《浮世畫譜》「貓」項（參照P.151）中，就刊載有24隻貓的圖。這24張貓圖有玩鞠球或玩細繩的場景、理毛的模樣等等許多沒養過貓就不會注意到的動作。而這些貓活靈活現、栩栩如生的程度，在在讓人深信作者必定是個愛貓人。

明治11年（1878），第三代廣重發表了《百貓畫譜》的作品集，這個作品集是他臨摹初代廣重遺留的畫稿所繪製而成。《百貓畫譜》的廣告文宣中，記載了初代曾豢養多隻貓，並以飼養的貓為對象，畫了形形色色的貓姿等，和一些不為人知的逸事。

廣重晚年的風景畫《名所江戶百景》系列中，「淺草田圃酉町詣」是大家一致公認的傑作。畫中一隻白貓正從吉原的妓樓窗戶，遠眺傍晚時分酉市喧囂忙碌的街景。這幅充滿詩意情致的絕美畫作，正因為有了這隻貓，才成為名作。事實上，在《百貓畫譜》中，亦可看到這隻貓的身影活躍其間。

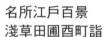

第七章 貓VS鼠

說到捕鼠高手就想到貓。
然而，這個大家認為天經地義的道理，
可說已成為過去式。
近來反而經常耳聞貓和老鼠當好朋友、
貓怕老鼠的話題。
江戶時代由於深受老鼠在城中四處繁殖、
偷吃糧食、啃咬牆壁或柱子等鼠患所苦，
因此把貓放養在戶外，以擊退鼠輩、消滅鼠害。
因為對老鼠而言，
再沒有比在外面自由跑跳的貓更可怕的敵人了。
雖然近來幾乎已看不到追著老鼠跑的貓，
不過，大家不妨任由思緒馳騁在那貓有「捕鼠高手」美名的時代。

鼠國格列佛

新板鼠嬉戲（新板ねずみのたわむれ）

四代歌川國政 ◉明治15年（1882）

這個作品僅在中間的一格畫了貓，不過老鼠的惡行惡狀，著實令人瞠目結舌。

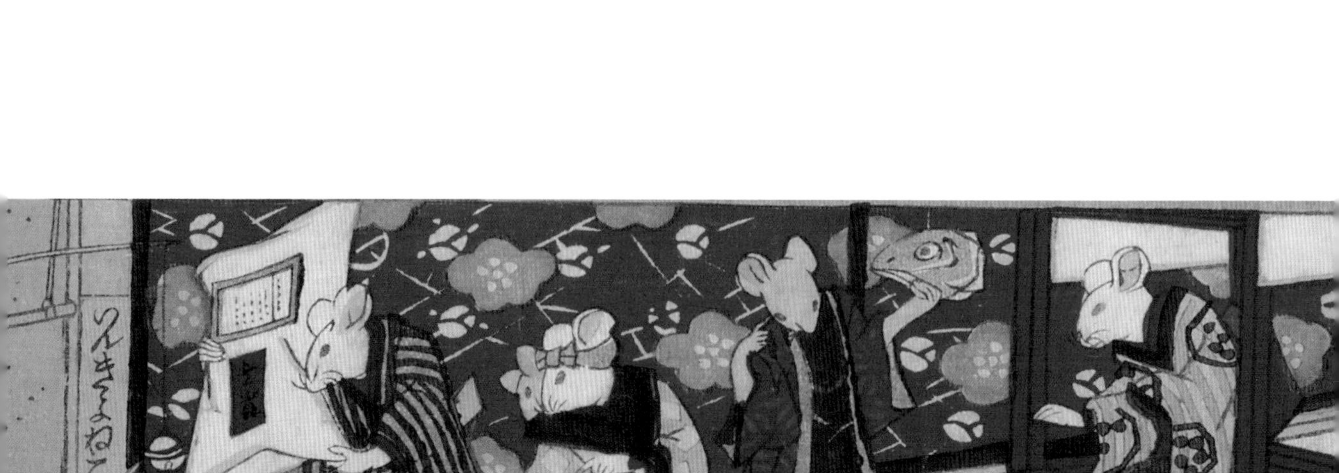

一群老鼠惡搞一隻頤養天年、正打著盹兒的長輩貓。平常只有挨打被整的老鼠，終於逮到報一箭之仇的機會，於是恣意而為。有的扯鬍鬚，有的對著他的臉放屁，有的正要用袋子套他的頭。也有老鼠大小便在貓的食物上。

老鼠生產的場景。繁殖力強，一胎可生多隻幼鼠的老鼠，是多子多孫的象徵。左上方雲裡畫的是大黑神。《古事記》等古籍載有大國主命幸得老鼠援助的逸聞。據傳老鼠後來成為大國主（大黑天）的使者。

這個場景應是老鼠家人和朋友，前來探望被誘捕在捕鼠籠內的男孩。籠內的小老鼠和四周的老鼠，大家都難過得掩面哭泣。

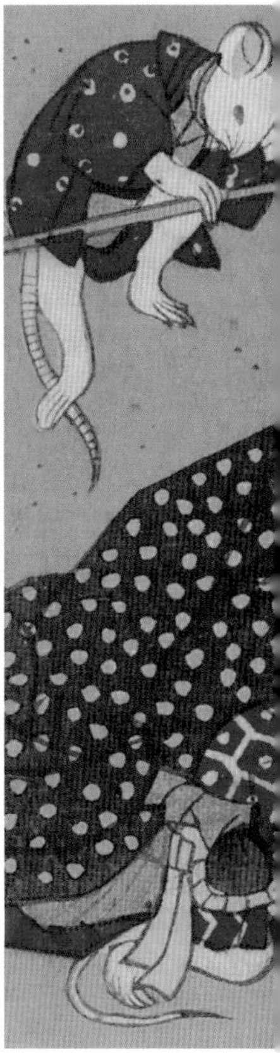

惡鼠

志板賊鼠（志ん板賊ねづみ）

小林幾英 ◉明治15年（1882）

剽悍的鼠輩猛將，大鬧民家的情景。畫中描繪了紅蘿蔔、梳子、貝類等老鼠平常啃咬的物品。

趁今晚
來大幹一場吧

你這賊偷
給我站住

阿娘喂
居然有貓崽子
埋伏在這裡

快搬過來
搬過來

你這隻貓崽子
真不知死活

中間是一群從飯桶裡偷飯的老鼠。四周則是偷魚、蓮藕、鏡餅（年糕）的老鼠。勇敢的小貓踩住女鼠和服的下襬，企圖阻止她，老鼠頭目則惡狠狠地瞪著他說：「不知死活的貓崽子。」

今晚真是個千載難逢的夜晚

老鼠的大本營。小弟一個接一個把戰利品，搬到女人隨侍在側的老大跟前，報告今晚的戰績。

報告這個那個

報告這樣那樣

唉呀唉呀糟糕糟糕

快逃快逃

一隻貓突然跳進大本營。不知為何，畫師並未將這貓擬人化。鼠輩驚慌失措，四處逃竄。

御届明治十五年　月　日
画工
小林英次郎
出版人
吉澤虎次郎

著名勝負場景

新版死對頭貓鼠（新版敵同士猫鼠）

歌川政信 ◉明治時代（1868～1911）

著名的復仇場景或打鬥場面的戲仿之作，畫中以貓鼠的形體取代實際人物。

今川義元

戰役

毛利新介

渡邊半藏

轉化成貓的今川義元和轉化成鼠的織田信長大軍，以巍峨的富士山為背景，如火如荼地展開桶狹間戰役。

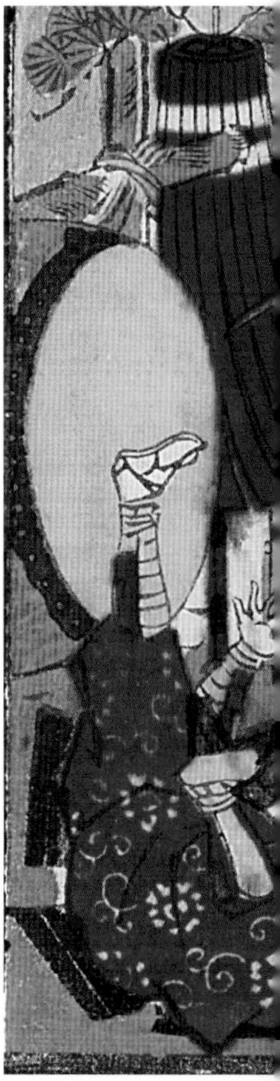

身材魁梧的貓力士・四車大八，正揮舞著大八車（兩輪人力貨車），和消防組的老鼠打架。此場景描繪的是江戶時代芝神明宮的打鬥事件「め組の喧嘩」（滅組之鬥）。這起事件起因於「め組」（滅組）的消防員不付錢，想看霸王相撲賽，引發力士不滿，而演變成打群架的事件。

三引

打鬥

四車

三河屋藤松

壽司屋彌介

滅組金八

鳶半介

以淨瑠璃《碁太平記白石噺》的插曲為原型，描繪姊妹復仇的場景。宮城野和信夫兩姊妹，勇敢打敗殺死父親的貓仇人。

金井谷五郎

信夫

復仇

志賀團七

宮城野

金內左司馬

襲擊

新板貓鼠夜襲圖（新板猫鼠夜討の図）

作者不詳 ◉明治時代前期（1868～87）左右

《假名手本忠臣藏》中夜襲的場景。畫中以貓模擬義士，用老鼠取代高師直一派。

邊大聲喊口令，邊用木槌和斧頭破壞大門

養兵千日
用在一時
加油 加油

砰砰砰
咚咚咚

一馬當先
捨我其誰

雙方在白雪堆積的庭園，展開激烈的攻防戰。老鼠沒成為落湯鼠，倒是貓跌落水池，成了落湯貓。

吾乃安兵衛
你別想
冒出頭來

箭矢的滋味
該比銀山
來得嗆辣吧※

窮鼠咬貓
就是在說俺

看我把你
劈成兩半

這比酒
還重啊

吱吱
吱吱

南妙
法蓮
陀佛

※石見（島根縣）開採的砒石被稱為石見銀山，常作為殺鼠劑販售。

有老鼠奮勇迎戰，但也有老鼠光著身體四處逃竄，或抱著家當倉皇逃離。

速戰速決

你是臨時起意躲在鎧甲箱吧

嘿唷

臭野貓納命來

費了一番功夫，義士終於發現高師直的藏身之處，並將他團團圍住。

耶 殺了他 殺了他

別急 別急

不得無禮

勝負立見分曉

宏願實現

貓地獄

新板貓戲畫（新板猫の戯画）

歌川芳藤 ◉明治16年（1883）

群鼠墮入貓主宰的地獄。畫中的貓雖扮演人見人怕的地府鬼卒，卻又透露出些許幽默逗趣。

坐在中央的閻羅王，正做出判決。兩旁等候的獄卒根據判決結果，將老鼠拖到被發配的地獄。

此圖描繪了油鍋、刀山、無間地獄、火焰車、罪秤、拔舌和血池等各種地獄場景。在餓鬼道的老鼠，只能看著最愛的年糕流口水，卻吃不到。

在冥河三途川邊，奪衣婆（左）對沒帶六文錢來的老鼠強剝他身上的衣服。站在堆石頭孩童前面的神明，原本應是地藏王菩薩，這裡畫的則是和老鼠有淵源的大黑天。

鼠戲團

志版吱吱太夫（志ん版ちうちう太夫）

歌川國利 ◉明治19年（1886）

右上方穿著羽織的女太夫和老鼠戲團，就要開始表演雜耍把戲。雖然旁邊就是小土俵（相撲擂台）和米倉，但這兩個是最後才會上場、最令人期待的壓軸好戲。一旁的貓興奮地看得目不轉睛。壓軸好戲登場前，鼠演員先一邊以馬、人力車、山車等各種交通工具移動，一邊表演鸚鵡模仿秀、松竹梅猜謎技藝等。

最後終於來到最下面的「相撲比賽」和「米倉」。相撲是當時深受喜愛的運動競技。群鼠看得屏氣凝神，極為投入。「米倉」表演是模仿當時蔚為話題的山雀「啣米出倉」把戲，改由老鼠從米倉搬出米袋。

結語　玩具繪的貓

長井裕子

「玩具繪」（おもちゃ絵）是為兒童創作的浮世繪，既是讓孩童遊戲玩耍的玩具，也是可以讓孩子習得日常生活所需知識的教材。玩具繪雖是自江戶時代流傳下來，卻是從明治時代才開始用「玩具」一詞的稱呼，在此之前，被稱為「手遊繪」（手遊び絵）。由於「玩過就丟」是它無可避免的宿命，因此大多數玩具繪都已散失，保留至今的並不多，不易掌握其全貌。不過一般認為，從幕府末年到明治時代期間，應該有為數不少的種類被創作產出，以目前尚存的玩具繪來說，光是貓的作品，就有一百種以上。

這些泡澡、讀書等千姿百態的貓畫，光是看著就覺得賞心悅目，這類以貓擬人的作品，反映了平民百姓的生活、風俗和習慣，因此也是瞭解當時社會民情，頗具參考價值、饒富興味的資料。尤其本書所收錄的作品中，有描繪人力車或汽車、馬車等新式交通工具，也有描繪洋服或洋傘等文明開化時期的景物，這些都可以讓我們瞭解明治時代的生活樣貌，從這點來看，玩具繪也可說是相當寶貴的歷史資料。

「玩具繪」的畫師中，以歌川芳藤最為知名。本書刊載的作品，也以他的畫作佔最多數。芳藤的畫作精緻細膩、品質優異，難怪深受好評和歡迎，而有「玩具芳藤」的美名。

除了芳藤，其他較常見的玩具繪畫師還有歌川國利。「玩具繪」裡面的貓，大多是具有七情六欲、擬人化的貓，然而在這樣的主流趨勢下，類似《志板貓百態》（P.106）裡那些回歸動物原形的貓，還是頻頻出現在國利的作品中。雖然那些被套「紙袋」、舔毛之類的動作，看似描繪得自然流暢，不過這些實則多半臨摹自歌川廣重的畫本。

誠如前面專欄（P.129）中提到的，廣重在他的《浮世畫譜》中，收錄了24張觀察貓之

後畫下的貓圖。此外，廣重還有許多長年繪製累積、沒有公諸於世的貓寫生。這些寫生在他的弟子三代廣重臨摹複製後，集結成作品集《百貓畫譜》發表。而國利繪製的貓，有很多都可以在《浮世畫譜》或《百貓畫譜》中找到。

用廣重的貓範本畫貓的浮世繪畫師不勝枚舉，並非只有國利。當時，藉模仿師父的畫作來練習繪畫技巧，是浮世繪畫師的常態。或許因為如此，對他們而言，自行觀察貓的一舉一動後繪製原創圖畫，並不是那麼容易的事。

在「玩具繪」的繪製上，雖然像芳藤或國利這種即便已成為大師，仍不忘情「玩具繪」創作的畫師，但大部分的「玩具繪」都是出自初出茅廬的年輕畫師之手。這些剛出道的年輕畫師，在足以獨當一面之前，往往必須經歷嚴格的養成過程，包括聽從師父或同門師兄的訓斥叨唸，在他們的要求下不斷重畫，或委請技術精湛的同門兄弟幫忙修改潤飾。而在一番嘔心瀝血之後，好不容易把作品交給印刷商時，卻又被百般挑剔，不得不再次重新繪製。對年輕的畫師而言，這些遭遇都是家常便飯。有時甚至還得忍受印刷商擺出一副施恩於人的態度，冷言冷語說著：「我這是看在你師父的面子上，才勉為其難印製你的畫稿。」

另外，「玩具繪」也常見沒有署名的畫作。這種玩具繪都是還沒獲得師父賜予「畫名」（名號）的畫師操刀繪製的。在瞭解這些背景之後，重新再看「玩具繪」，眼前不知不覺就浮現年輕浮世繪畫師勤勉努力的身影。

本書共收錄42張自幕府末年至明治時期，描繪群貓眾相的「玩具繪」，除忠實呈現作品中記載的註記或台詞外，並附上簡單的解說。筆者雖盡可能按照原文如實翻刻，但仍將艱澀難懂的部分改寫成為現代文。

讀者若能在欣賞眾貓可愛俏皮的動作、表情的同時，也享受畫中的故事或畫作背景的樂趣，是筆者最大的喜悅。

歌川廣重《浮世畫譜》中的「貓」項。

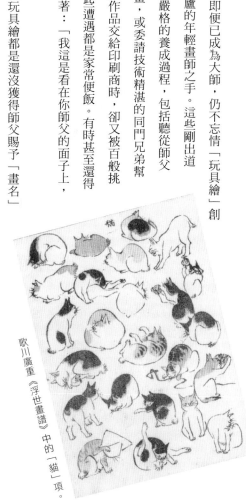

ねこのおもちゃ絵: 国芳一門の猫絵図鑑

貓咪浮世繪圖鑑

歌川國芳及弟子們的明治喵星人大遊行

作者　長井裕子
譯者　蕭秋梅
封面設計　日央設計
內頁構成　詹淑娟
文字編輯　鄭麗卿
執行編輯　柯欣妤
行銷企劃　王綬晨、邱紹溢、蔡佳妘
總編輯　葛雅茜
發行人　蘇拾平

出版　原點出版 Uni-Books
Facebook: Uni-Books 原點出版
Email: uni-books@andbooks.com.tw
105401 台北市松山區復興北路 333 號 11 樓之 4
電話：（02）2718-2001　傳真：（02）2719-1308

發行　大雁文化事業股份有限公司
105401 台北市松山區復興北路 333 號 11 樓之 4
24 小時傳真服務（02）2718-1258
讀者服務信箱 Email: andbooks@andbooks.com.tw
劃撥帳號：19983379
戶名：大雁文化事業股份有限公司

初版 1 刷　2022 年 7 月　初版 2 刷　2022 年 9 月

定價　499 元

ISBN 978-626-7084-29-8（平裝）

大雁出版基地官網：www.andbooks.com.tw

國家圖書館出版品預行編目（CIP）資料

貓咪浮世繪圖鑑 / 長井裕子著；蕭秋梅譯. -- 初版. -- 臺北市：原點出版：大雁文化事業股份有限公司發行，2022.07
156 面；19×23 公分
ISBN 978-626-7084-29-8(平裝)

1.CST: 浮世繪 2.CST: 動物畫
3.CST: 貓 4.CST: 日本

946.148　111007018

KUNIYOSHI-ICHIMON NO NEKO-E ZUKAN NEKO NO OMOCHA-E
by Hiroko NAGAI

Original Japanese Edition Staff:
美術設計：北本裕章（播磨屋）、秋葉正紀
協力：則武広和（浮世繪貓愛好家）